学龄前儿童美术
能力的培养与教育教学

周　松/著

中国纺织出版社

内 容 提 要

本书全面贯彻 2012 年教育部印发的《3—6 岁儿童学习与发展指南》的实施要求,论述学龄前儿童美术教育活动的教学目标、教学任务、教学要求、教学过程、教学内容、教学方法,并着重提高学龄前儿童的绘画能力、手工制作能力、欣赏能力。同时,努力对以往学龄前美术教育中出现的纯知识、纯技能的观念进行扬弃,做到在不脱离美本身的特殊规律以及学龄前儿童美术心理发展的规律的基础上来实施美术教育。

图书在版编目(CIP)数据

学龄前儿童美术能力的培养与教育教学/周松著.--北京:中国纺织出版社,2019.5
ISBN 978-7-5180-3606-6

Ⅰ.①学… Ⅱ.①周… Ⅲ.①美术课－教学研究－学前教育 Ⅳ.①G613.6

中国版本图书馆 CIP 数据核字(2017)第 111212 号

责任编辑:姚　君　　责任印制:储志伟

中国纺织出版社出版发行
地址:北京市朝阳区百子湾东里 A407 号楼　邮政编码:100124
销售电话:010－67004422　传真:010－87155801
http://www.c-textilep.com
E-mail:faxing@c-textilep.com
中国纺织出版社天猫旗舰店
官方微博 http://www.weibo.com/2119887771
天津千鹤文化传播有限公司印刷　各地新华书店经销
2019 年 5 月第 1 版第 1 次印刷
开本:710×1000　1/16　印张:15.75
字数:204 千字　定价:72.00 元

凡购本书,如有缺页、倒页、脱页,由本社图书营销中心调换

前　言

2012年10月，中华人民共和国教育部印发了《3—6岁儿童学习与发展指南》，这是为深入贯彻《国家中长期教育改革和发展规划纲要（2010—2020年）》和《国务院关于当前发展学龄前教育的若干意见》（国发[2010]41号）等文件精神而出台的指导幼儿园和家庭实施科学的保育和教育。我们为了进一步落实《3—6岁儿童学习与发展指南》中关于学龄前儿童艺术活动的指导思想和基本要求，针对目前学龄前儿童美术教育教学的实际情况，在充分了解幼儿园实际需求的前提下，特撰写了《学龄前儿童美术能力的培养与教育教学》一书。

本书共分六章，第一章至第三章论述学龄前儿童美术教育的原理、内容以及方法与策略，第四章至第六章论述学龄前儿童美术教育在创作与欣赏领域的实施。

本书中最突出的特点是2012年教育部印发的《3—6岁儿童学习与发展指南》在书中的运用。主要包括：创设幼儿园、家庭、社会三位一体的美术教育环境，喜欢自然界与生活中美的事物，关注其色彩、形态等特征，乐于观看绘画、泥塑或其他艺术形式，喜欢涂涂画画、粘粘贴贴并乐在其中，能用多种工具、材料或不同的表现手法表达自己的感受和想象；创造条件和机会，支持幼儿自发的绘画、手工表现和创造，教师理解、尊重、积极回应幼儿在表现美和创造美时的行为，发展他们的创造力、改革以往的不好的教育评价；教学活动中，教师着重幼儿独立性与配合能力的提高，使幼儿既能与他人相互配合，也能独立表现。

此外，本书的特点还体现在有较强的实用性、指导性和可操作性、针对性、整体性等方面。从理论知识到实践指导，自成体系，指导具体，力图使学龄前儿童的绘画能力、手工制作能力、欣赏能力得到提高。同时，也提高教师对教学内容的分析能力、实际掌控能力，了解学龄前儿童美术教育活动的教学目标、任务、要求，掌握学龄前儿童美术教育的基本理论、一般规律，熟悉学龄前儿童美术教育教学的过程、教学内容和教学方法，并努力把以往学龄前美术教育中出现的纯知识、纯技能的观念进行扬弃，做到不脱离美本身的特殊规律以及学龄前儿童美术心理发展的规律来实施美术教育，最终通过美术这一媒介来促进幼儿在身体、认知、情感、个性、社会性等方面的整体和谐发展。

为了增强著作的广度和深度，本书还参阅了部分专家学者的专著与论文，本书从许多专家教授发表出版的论文、专著中受益匪浅，具体已在参考文献中列出，在此表示诚挚的感谢！

由于作者水平有限、学识浅薄，拙著中难免有纰漏与错误之处，还望老师、同道们指正。

编者

2017 年 1 月

目 录

第一章 儿童美术活动概述 …………………………… 1
- 第一节 儿童美术的特征与表现 ………………… 1
- 第二节 儿童美术的发展过程 …………………… 17

第二章 学龄前儿童美术教育教学的理论依据 ………… 22
- 第一节 学龄前儿童美术教育的含义与功能 …… 22
- 第二节 学龄前儿童美术教育的目标与内容 …… 34

第三章 学龄前儿童美术教育教学的方法与策略 ……… 57
- 第一节 学龄前儿童美术教育的途径 …………… 57
- 第二节 学龄前儿童美术教育的方法 …………… 66
- 第三节 学龄前儿童美术教育活动的组织与实施 … 73
- 第四节 学龄前儿童美术教育活动中教师的作用 … 93
- 第五节 学龄前儿童美术教学媒体的使用 ……… 97
- 第六节 学龄前儿童美术教育活动中应注意的问题 … 98

第四章 学龄前儿童绘画能力的培养 …………………… 103
- 第一节 学龄前儿童绘画能力的发展 …………… 103
- 第二节 学龄前儿童绘画创作的心理过程 ……… 111
- 第三节 学龄前儿童绘画活动的形式 …………… 117
- 第四节 学龄前儿童绘画创作过程中各阶段的指导 … 121
- 第五节 学龄前儿童各类型绘画活动的指导要点 … 135

第五章　学龄前儿童手工制作能力的培养 …………… 171

第一节　学龄前儿童手工制作能力的发展 …………… 171
第二节　学龄前儿童手工制作的心理过程 …………… 179
第三节　学龄前儿童手工制作过程中各阶段的指导 … 186
第四节　学龄前儿童各类型手工活动的指导要点 …… 192

第六章　学龄前儿童美术欣赏能力的培养 …………… 202

第一节　学龄前儿童美术欣赏能力的发展 …………… 202
第二节　学龄前儿童美术欣赏的心理过程 …………… 205
第三节　学龄前儿童美术欣赏活动的形式 …………… 209
第四节　学龄前儿童美术欣赏教育的基本方法——
　　　　对话法 ……………………………………… 229
第五节　学龄前儿童美术欣赏过程中各阶段的指导 … 237

参考文献 …………………………………………………… 242

第一章 儿童美术活动概述

儿童美术是儿童感知世界的一种非逻辑思维的方法,也是自我表达的一种语言,更是儿童探索美术媒介,并使自我得以肯定的一条途径。因此,本章先探讨美术是什么,有什么特征和功能,再详细论述儿童美术的本体特征及多元化特征,并对儿童美术的表现和发展过程展开论述。

第一节 儿童美术的特征与表现

一、儿童美术的特征

(一)美术

1. 美术的含义界定

何为"美术"?人们很早就开始探索这个问题。然而,真正要清楚而正确地表述美术的内涵却是一件相当困难的事情。因为美术的内涵和外延发展的复杂性,决定了无法采用下定义的方式去界定它。中外美术史上,许多思想家、美术家都曾对此问题进行过探讨和研究,他们从不同的角度去探讨美术的本质特征。下面我们先来回溯一下历史上关于美术本质问题的几种影响最大的观点与说法,并以此作为分析问题的参照系。

美术是由人类创造的,因此,重视人的主观能动作用是完全合乎逻辑的。但是,如果认为美术是美术家个人主观意识的产物,那么理论上就会走向片面和极端,其哲学基础就是唯心主义的。

理念说的代表人物是古希腊哲学家柏拉图和德国古典哲学家黑格尔。他们处在不同的时代,各自的学说内容也不一样,但有一个观点是相通的,即他们都是从客观唯心主义的立场看待和解释美术的。与主观唯心主义不同,客观唯心主义并不认为美术是美术家个人意识的产物,而认为美术自有它的客观根源,这个客观根源就是"理念""客观观念"或"绝对精神"等。

马克思主义对于艺术所做的定位和定性,是基于辩证唯物主义的科学立场、观点和方法之上的,具有重要的意义。

2. 美术的特征

美术,是一个具有较宽泛意义的大的范畴,是运用造型手段塑造视觉形象的众多艺术种类的总称,涵盖了具有造型和视觉特点的绘画、雕塑、工艺美术、建筑美术、平面设计、环境设计、工业设计以及新兴的实验美术、多媒体美术等。它实际上已涵盖了人类视觉艺术的全部,因此也称之为"造型艺术""视觉艺术"或"空间艺术"等。因此,它具有造型性、视觉性、空间性的特征;同时,它创造的美术形象又是静态的,主要表现事物的一个瞬间状态,而且美术形象一经完成多是固定不变的,因此美术又具有静态性、瞬间性、永固性的特征。

(1)造型性特征

造型是美术的基本手段,也是最重要的特征。所谓"造型",简言之就是通过一定的手段借助于一定的物质媒介材料塑造一定的视觉形象,并使其能构筑起自己的美术空间。

美术造型的空间构筑形式可大致分为三种,即二维空间的造型、三维空间的造型以及综合形式的造型。

二维空间的造型是指通过线条、色彩、构图等造型手段,在二维空间范围内塑造的可以视觉感官的并具有一定内涵和意味的、静态的视觉形象。

例如，书法是以文字书写为媒介的二维空间造型艺术。汉字始于象形，与绘画同源，虽然在发展的过程中被抽象化，但在构成形式上仍具备很多造型的因素，具有造型艺术一般的共同性质。摄影是用影调、色调创造形象的二维空间艺术。

三维空间的造型是指通过雕、刻、塑等造型手段，并运用木、石、泥土、石膏、金属等多种软、硬材料为媒介，在三维空间（长、宽、高）中塑造出可视的具有实体感、量感、材质特征的美术样式。

例如，建筑艺术、园林艺术和雕塑就属于三维空间的造型艺术的范畴。雕塑多是实体，而建筑的造型特点和造型重点在它的内部空间性，园林则重点突出它总体的外部空间性。当然，中外古今，各个历史时期的许多风格的建筑在强调内部空间的同时也同样强调外部的造型和空间组织。

综合形式的造型是指那些既不完全同于绘画的二维空间范围内的塑造，也不同于雕塑的三维空间的处理。它的造型是实用性功能和审美性功能的统一，并在其中充分利用、展示不同材质的特征，如工艺美术的造型。而现代工业设计，最突出的特点是在现代工业飞速发展的基础上，将平面、空间和立体造型因素与工业化生产结合起来，使工业产品美术化。

造型艺术的特点，决定了艺术家一定要重视对象的外形，并以表现对象的外形为自己的特长。但这并非指造型艺术只限于模仿和再现事物的外形，而是应该追求艺术的高境界，做到"形神兼备""以形写神"。

在有关人物的绘画、雕塑或摄影艺术中，尤其注重的是体现出人物内在的精神气质和美术家的思想感情。例如，古希腊著名雕塑《拉奥孔》、罗丹的雕塑《巴尔扎克》都是通过人物造型来体现人物复杂、矛盾的内心世界和精神气质，并且传达出艺术家本人的审美理想。

"以形写神"还可以用间接的方式、写意的方式去表现那些没有外部形体的客观事物,如气味、声音等,以有形去表现无形,从而充分调动观众的联想和想象来传达美术的另一种张力。例如流传千古的绘画故事《深山藏古寺》,画面上并没有画古寺,只画了深山峡谷的水潭和行进在陡峭山间小道上的挑水的小和尚。画面让观众展开了丰富的联想。以有形去表现无形,使作品出现深层的意蕴和含蓄的效果。

(2)视觉性特征

视觉性也是美术的重要特征之一,它与造型性相一致。不论是绘画、雕塑、工艺美术、现代工业设计、建筑及新兴的多媒体美术,美术最终是建立一种可视的艺术实体。

艺术实体性是美术的一大特征或优势,人们在欣赏美术作品的同时,获得直接可视的审美和愉悦。这一特征使美术与音乐、文学等姊妹艺术门类相区别。音乐、文学均不采用具体的物质材料来直接塑造形象,文学是通过语言文字去塑造形象,而音乐则是通过音响、节奏、旋律去塑造形象,鉴赏者只有充分调动联想和想象才能把握住它们。音乐、文学的形象性具有间接性和不确定性,而美术则是从具体、生动、直观、具象的视觉形象中去获得审美感受的。

美术视觉性的特征,决定了它必须具有形式美。它的形式美可从两个方面观赏:一是色彩、线条本身就具有一种美的形式;二是造型艺术在造型的过程中又必须遵循形式美的规律和法则。例如雕塑与建筑要考虑正副空间的关系,要考虑均衡、对比、节奏等关系,而绘画、摄影又必须考虑色彩的明暗关系、对比关系、强弱关系。

(3)空间性特征

空间性与造型性也是紧密相连的,可视的造型艺术必然要存在于一定的空间。绘画、书法创造的是二维空间,工艺美术和现代工业设计存在于二维或三维空间中,雕塑、建筑则占有三维空间。

(4) 静态性特征

美术作品中可视的空间造型是静态的,任何客观事物的动态,经造型艺术定格过后便变成了静态艺术,这正是美术区别于舞蹈、曲艺、戏剧、戏曲等表演艺术或综合艺术的重要特征。虽然一些实验美术、新起的多媒体美术有着或多或少的动态的既可视又可听的特点,但这只是庞大的美术门类中极小的部分,还不足以改变美术的静态性的基本特征。

因为戏曲、戏剧、舞蹈等表演艺术或综合艺术不能将艺术以物象化的方式固定下来,只能通过一次次动态化的表演来创造形象,在录音机、摄像机等现代化传播技术发明之前,此类艺术是无法流传后世的,古代的此类艺术唯一能流传下来的部分都是以绘画、雕塑等形式记录其中一部分内容,不能得其全貌。这正说明造型艺术的静态性又同时具有永固性的特点,它能使我们见到千万年前原始人生活的概貌,如一两万年前的法国拉斯科洞窟和西班牙阿尔塔米拉山顶洞野牦牛、野山羊、野马等洞窟壁画,又如辽宁红山文化"女神庙"中的彩绘壁画将中国壁画的源头上推到距今五千年左右。

(5) 瞬间性特征

美术的静态性特征使它不适合表现事物的运动过程,那么其创作核心就是要选取生活中某种最具有代表性的瞬间形象,并且用物质材料将其定格下来,让它超越时间和空间,这就是造型艺术的瞬间性的特点。

美术不可能像戏剧、舞蹈一样去表现动态的、情节化的发展全过程。美术着力刻画的是事物的瞬间状态,并通过静态的形象"暗示"动态的一定过程。正是通过这种具有高度的凝聚性和典型化的"瞬间"定格,以"暗示"手法全面地、充分地体现造型美术的深刻内涵和无限外延的意义或内容。

美术的瞬间性给美术家们提出了两个目标,即如何选取事物在运动变化中最典型、最优美、最精彩的瞬间,如何选取人物最能表达其思想的动态与神态的瞬间。古往今来,那些优秀美术家及其美术作品无不是在追求以上两个目标。例如,古希腊雕塑中的《掷铁饼者》就是截取了运动员蓄势待发的力量爆发的瞬间动作,将其定格下来,让它超越几千年的时间,产生不朽的艺术魅力。又如,古希腊雕塑《色莫拉雷斯的胜利女神》虽已残损了头部,但是女神薄如蝉翼的衣裳和衣纹构成的飞旋韵律的瞬间动态,被定格在艺术的作品中,让人感到古希腊在2000多年前的雕塑早已是达到了炉火纯青的地步。再如,罗丹雕塑的《巴尔扎克》像,以睡袍裹住全身,只突出一个作家、思想家深邃的、思索的双眼。还有,鲁本斯的油画《劫夺留西帕斯的女儿》以一种充满劫夺中的强烈动感和鲜明强烈的色彩对比定格在画面中成为不朽的名作。

(6)永固性特征

美术作品静态化的造型和瞬间状态的表现等特征,使美术形象的塑造一经完成就被固定下来。舞蹈、戏剧等艺术门类中,同一作品经过多场次的演出,随着场地、演员不同或情绪的变化而变化,甚至随着演出的谢幕而结束。但美术作品的艺术形象本身是不变的,具有永固性特点。

正是由于美术作品永固性的这一特征,才使得中外美术史上的许多灿烂的美术作品得以保留下来,使得我们及后人仍有可能欣赏到千百年来各位大师们留下的杰作。今天的文物市场,艺术品市场如此繁荣,有的具有很高文物价值的艺术品拍出天价,这一切正好说明由于造型艺术的永固性,才使得古今中外著名的雕塑、绘画、各种美术工艺品,不仅具有很高的艺术价值,同时具有很高的文物价值和经济价值。这正是造型艺术与其他艺术门类不同的地方。而在如此繁荣的艺术品市场中,要数造型艺术最火,要数造型艺术类的价值最高。而今的收藏界,人们最关注和最抢手的收藏正是造型艺术类,这一点已毋庸置疑,应该说,这正是造型艺术的永固性使然。

3. 美术的功能

在艺术理论中,一般把艺术的功能分为三种,即认识功能、教育功能和审美功能,这是包括美术在内的艺术在社会中所具有的三种主要功能。

(1)认识功能

美术的认识功能,主要是通过美术的接受者在对不同时期、不同国家、不同民族的美术作品的接受和鉴赏的审美活动中同时加强对自然、社会、历史、现实、人生甚至真理的认识。概括来说,美术的认识功能具体体现在美术作品的内容、形式特征和语言形态中。

美术的认识功能首先体现在美术作品的内容中。例如,我们可以从距今1.5万年前的西班牙阿尔塔米拉山顶洞的野牛和野山羊的壁画中,了解到旧石器时代原始人的经济状况和生存状态;还可以从古希腊的精美雕塑中认识公元前2500多年前的奴隶制军事民主制度的形态和体制;可以从中国古代园林中悟到中国古代哲学与美学的境界;从国之瑰宝的红山文化、良渚文化中的玉器,到布满饕餮图案的神秘可怖的殷商青铜器,到千姿百态的汉代工艺品,从独出机杼的"唐三彩"到震惊世界的宋、元、明、清瓷器,从精致、华贵的明代苏绣到大方精湛的明清景泰蓝,来了解几千年来中华民族的文化传统和历史。

美术的认识作用还体现在作品的形式特征上。我们不仅能通过美术作品所描绘的对象来认识世界和历史,而且也可以从艺术把握对象的视觉形式中去认识一个民族的精神状态和一代人的生活状况。美术作品的形式特征、风格样式、结构形式同样是有一定的认识价值,同样可以成为认识一个时代民族精神面貌的依据。例如,我们可以从古希腊雕塑与古埃及雕塑差异巨大的风格样式中看到两种不同社会制度以及思维方式、宗教信仰和视觉表达形式;还可以从哥特式建筑直冲云霄的尖塔、阴冷的黑灰色墙面和框架式结构中,感受到神秘的宗教情感、宗教色彩和宗教氛围。

此外,美术作品的认识功能还体现在美术这种特殊的语言形态中。不同的语言形式代表不同的美学观念和哲学观念或宗教观念。美术作品本身保留了不同时代、不同民族的精神特质,打上时代的烙印。例如,同为绘画,以中国画为代表的东方绘画与以油画为代表的西方绘画各自均有本质的区别;同是西方绘画,以写实为载体的古典主义绘画与19世纪末20世纪初产生的旗帜如林的现代主义绘画,更是从形式到内容都有本质上的不同。

(2)教育功能

美术的教育功能主要是指人们通过对美术作品的鉴赏活动受到美感的陶冶,进而在情感和心灵上受到启迪,认识上得到提高。古今中外的思想家、教育家都非常重视美术的教育作用,主张美术作品一定要有思想性,诚如谢赫在其著名画论《古画品录》中提出:"图绘者,莫不明劝戒、著升沉、千载寂寥,披图可鉴。"美术作品潜移默化地触动和影响人的思想、精神、品格、气质、感情,使人的道德和情感均发生积极向上的变化。

①美术教育功能的实现方式。美术的教育功能不是通过概念化、公式化的说教方式来实现的,而是通过以情动人来升华思想和道德,使人在潜移默化中受到教育。美术作品教育人必须是在毫无强制性的情况下进行,观赏者在欣赏美术之美的过程中不知不觉地受到感染从而使其心灵得到净化,使人的情感、精神和思想水平得到提升。"以情动人""潜移默化""寓教于乐"是美术教育的三个显著特点,这就是强调必须把对人的思想道德教育融合到审美娱乐之中。

②不同美术作品的教育功能。美术的教育功能在不同的美术作品中会有不同的体现,美术的教育功能同时也与美术作品所表现的不同的题材内容和主题思想有直接的关系。

a. 人物画的教育功能。一般来说,人物画比风景、静物、花鸟画更容易表达思想道德方面的内容,在人物画中历史、宗教、神话等题材又比风俗、肖像、人体等题材容易表达思想内容。这主要是因为人物画与人类社会生活的关系更直接,神话、宗教、历史等内容本身具有思想意义。

例如,德拉克洛瓦的《自由引导人民》反映的是1830年法国七月革命时巴黎的街垒战,当时巴黎人民群众不分阶层、并肩与国王卫队作战,推翻查理十世已成为人民迫切的愿望。整个画面硝烟弥漫,人民手持各种枪支,工人、学生、店员团结对敌,立于最高处的是一个半裸的妇女,她是自由女神的象征,这幅画再现了历史的真实片段。

b. 风景、静物、花鸟画的教育功能。理解美术的教育功能我们应该从广泛的意义上来进行分析,具有鲜明主题与强烈思想性的作品,其教育作用和启发、引导作用当然是比较明显的。而另一类作品诸如中国山水画、花鸟画、风情画、肖像画等则很难在表面上看到什么教育作用,但决不等于说这类作品就不具备教育的功能。从根本意义上讲只要某个美术作品能使人们对自然、社会、人生、他人与自我的关系上获得一种积极向上的人生态度和对事业的热爱、对真理的追求、对正义的捍卫,这就已达到了美术的教育目的。

中国的山水画、花鸟画,表面上看去似乎无明显的教育功能,其实不少作品是有较深沉的象征和隐喻意义。这些象征与隐喻中包含了较多的对时代、社会的评说与对真理的追求,以及不满现实的发泄。例如,"元四家"中的黄公望、王蒙等人的山水画,"吴门四家"中沈周、唐寅的山水画,清初"四僧"的山水、花鸟画,除了大气磅礴的气势与深厚的笔墨功力之外,他们的山水作品均有一个共同的社会主题,那就是:文人不满现实,归隐山林过隐逸恬淡的山居生活。这一主题,从元代开始盛行延续至明清。这样的山水画有强烈的对社会的批判精神。

即使没有如上类象征意义的山水花鸟画,如近代的黄宾虹、潘天寿、李可染的山水,齐白石的简笔《虾》《蟹》,徐悲鸿的《奔马》,黄胄的《毛驴》等类作品也同样具有教育的功能,这类作品能唤起人们对自然的向往,对生命的热爱与崇敬,对生活的积极态度,对生态环境的保护意识等。

那些充满幽默与讽刺的漫画也同样能唤起人们在对待人生、社会、自然与他人的各个方面的关系时,产生一种豁达、宽容、超然与警醒的情怀。

总之,美术的教育功能体现在各个方面,对此,我们不应该从狭义的角度去理解它,而应该以宽容、豁达的态度去鉴赏各种美术作品。

(3)审美功能

在美术的认识功能、教育功能中,实际上已包含着审美的功能。除此之外,不少专家认为美术还具有交际功能、启迪功能、劝导功能等多种功能。尽管美术具有各种各样的社会功能,但必须明确的是,审美功能是美术最主要和最基本的功能。正因为审美的功能渗透和统领了美术的所有功能,才使得美术具有了自己独立存在的价值和意义。

虽然美术有认识功能,但美术的认识功能同科学的认识功能、哲学的认识功能却有本质性的不同;虽然美术具有教育功能,但美术的教育功能同道德的说教完全不同。美术作为人类的文化形态之一,之所以区别于哲学、宗教、道德、科学等其他文化形态,正是由于美术始终以创造审美价值来满足人的审美需要。

从美术作品的不同形式这一角度来看,美术的审美功能体现在不同时代和不同的美术形态中。

例如,西方绘画在19世纪中叶以前的绘画形式与19世纪中叶以后的现代主义绘画形式截然不同。19世纪中叶以前西方绘画经历了2000多年的历史,流派纷呈,风格如林,但它们都没有超越一个审美的基本点,那就是同时在追求一个共同的审美标准,即将客观物象描摹得十分逼真,以写实的逼真程度作为审美的最高境界,这一标准是遵照古希腊古典主义时期亚里士多德提出的"艺术本质论"的"模仿说"而存在的。19世纪中叶随着科学技术的发展,照相机的出现对以写实为最高审美境界的西方绘画产生了极大的冲击,于是非写实的现代派绘画应运而生,它的特点是不再注重对客观物象的真实描绘,而是借助色彩、线条与构图,努力去表达主观的精神世界,形式也从"像"发展到"不像"。

由于绘画形式的改变,审美功能也随之改变。比如,实用美术的审美功能,是以一种整体的美的和谐气氛去感染人们的情绪,提高人们的生活质量和生活情调,从而创造一种人际交往的高雅的和谐氛围。

美术的审美功能是多元并存的,即使在绘画、雕塑等纯艺术性质的美术作品中,也包括优美、崇高、怪诞甚至反审美的多种形态的美学观点。事实上,正是美术形态的丰富性和它们各自所具有的不可替代性的特点才使得美术在整体上能够发挥其巨大的审美功能,同时也拓宽了审美的领域。

(二)儿童美术的本体特征

在我国,3—6岁的儿童为学龄前儿童,学龄前儿童美术是指在这个年龄阶段的儿童所开展的一切美术活动,包括学龄前儿童对美术语言的思考、领悟,学龄前儿童对美术材料的操作游戏,学龄前儿童的美术创作与作品等。

美的感觉是学龄前儿童对视觉艺术领悟与认识的开端。审美经验早在儿童使用蜡笔和颜料之前就有了。当他们表达对色彩、形状、声音、气味及材料的偏爱时,他们实际上是在进行审美选择。从孩子降生到这个世界,睁开眼睛看到第一缕光线,吸吮乳汁时接触妈妈温柔的目光,到能够触摸摆弄他们的玩具,观察它们的颜色与形状,再到有一天他说:"我最喜欢天蓝色!"所有这一切,都是点点滴滴的视觉积累与审美学习。在不断接受环境影响,进行思考与选择的同时,儿童的审美思维也逐渐得到发展。环境的影响既包括自觉的客观环境影响,也包括主观的教育环境影响。一处景物、一本书、一幅画、对美术工具材料的接触、父母及教师的审美态度、生活环境的美化层次等,都能构成学龄前儿童对人类视觉艺术的认识,从而形成学龄前儿童自身独特的审美态度与选择,成就儿童个性化学习与表达的基础。所以,视觉经验既是学龄前儿童美术的前提,也是学龄前儿童美术的组成部分。

学龄前儿童对美术材料的尝试与操作是他们最初的美术造

型活动。这种造型活动最开始仅仅是一种游戏。除了笔以外,黏土、剪刀、纸张、颜料等材料都是学龄前儿童喜欢尝试与操作的材料,对它们的探索与游戏不仅满足了儿童的好奇心,也使他们对艺术语言与材料有了相当的认知与经验,从而成为其美术创作的技巧储备。

学龄前儿童的美术创作过程实际上是学龄前儿童借美术语言来表达自己对周围世界的认识、情感和思想的过程。这是儿童美术中最重要的部分。他们的作品,正是他们成长中所受影响经由自身吸收、整合之后,运用美术语言和材料所进行的表达、表现。如果说"儿童有一百种语言",那么美术语言正是其中的一种。它的形象性、视觉性使它比抽象的文字符号更早为幼儿所理解与喜爱,更容易作为记录与交流的方式。在操作与游戏的过程中,他们逐渐能运用线条、形状、色彩和不同的材料描绘、塑造所见所感,虽然粗陋稚拙,但却如同儿童语言一般天真可爱,充满有趣的内容与幻想。有时是对熟悉喜爱的人物、事物的描绘,有时是对周围环境不满的改造,有时也借抽象的形式抒发心中难以言述的喜怒哀乐……学龄前儿童运用美术语言所做的表达、表现,促成了他们与外部环境的沟通、交流,同时他们也享受这一过程带来的安慰与回应。

总之,学龄前儿童以自己的审美经验,运用美术材料游戏般地体验、创作与表达,并以视觉形式来传达他们对世界的理解与思考。他们生动、独特的作品丰富了人类的视角,令成人感到惊奇与羡慕。

(三)儿童美术的多元化特征

1. 情感性特征

人的情感需要宣泄,宣泄的方式包括美术活动,也包括一些非美术的形式。美术教育的宣泄性特点在于对情感进行引导疏通、形式化,并得以释放。

2. 经验性特征

在学校教育的大多数学科中,学生面对的主要是文字、概念、公式和其他符号构成的世界,美术教育基本上是在一种经验的层次中进行的,学生要直接地接触对象的感觉特征,如形状、光色、质材、甚至气味和温度,并获得对形式原理,如多样统一、均衡、对称、韵律、节奏、反复、渐变等的理解,进而还要获得对意蕴的理解,最后还要运用某种媒体和一定方法,将自己对世界的认识和情感物化为具有形式感的美术作品,完成创造的任务。在这一过程中,学生不可避免地要涉及技能的问题,而技能的训练恰恰是一个需要递进积累经验的过程。这要求我们在教学过程中,充分启动学生的感知觉,使他们充分地运动肌体,而不能只培养夸夸其谈、述而不作的学生。

3. 差异性特征

美术教育中,差异性是一个很值得重视的特征。

美术教育的差异性特征首先体现在视知觉的主观差异上。知觉是被动地接受还是主动的组织过程,心理学家们进行了广泛而深入的研究,心理学家 M. H. 萨格尔写道:"一般的观察者天真地设想世界就是他看见的样子,他只是不加选择地接受视觉现象。他从未认识到他的视知觉是受到间接参照系统调节的……实际上,这种态度的一个重要方面是观察者假设所有其他观察者的感知状态与他一样,如果他们的反应不同,只是因为一些反常的意愿而非因为他们按不同的知觉内容行动"。[1] 事实证明,视知觉的确与人的主观因素有着很大的关系,比如,价值就对知觉有很大的影响,儿童就常将自己的父母看得比别人大;饥饿者常常将一些形状知觉为食品。

---

[1] 科汉,盖纳. 美术,另一种学习的语言[M]. 长沙:湖南美术出版社,1993.

4.超越性特征

蔡元培说:"马牛,人之所利用者,而戴嵩所画之牛,韩干所画之马,决无对之而作服乘之想者。狮虎,人之所畏也,而卢沟桥之石狮,神虎桥之石虎,决无对之而生搏噬之恐者。植物之花,所以成实也,而吾人赏花,决非作果实可食之想。善歌之鸟,恒非食品,灿烂之蛇,多含毒液。而以审美之观念对之,其价值自若。"❶

和实用功利拉开一定距离才能产生审美态度。美术教育的超越性就是把物我关系由实用变为欣赏,"潇洒出尘""超然物表",脱尽人间的烟火气。历史上最伟大的艺术品有些却正是出自内向感情型,因为这一型能把感情价值赋予超越的理想,如神、自由、不朽等,因此能表现这些理想。

二、儿童美术的表现

(一)儿童美术行为的心理学解释

1.精神分析心理学与集体无意识理论

把精神分析心理学运用于艺术心理研究的,首推这一理论的创始人弗洛伊德。他认为,艺术产生的根本动力在于人的无意识领域。人的艺术创作是人的力必多(性力)的转移与升华。即本能冲动向社会认为对自己有用的或得到社会承认、理解和赞许的思想、理想和活动的自行转变。艺术想象是人的自我本能欲望(性欲)的替代性满足。弗洛伊德的理论来自于精神病临床治疗,这种泛性论显然有失偏颇。其弟子荣格创造性地发展了弗洛伊德的学说,他所提出的"集体无意识"理论为揭示儿童艺术行为产生的奥妙做出了自己的贡献。

---

❶ 高平叔.蔡元培教育文选[M].北京:人民教育出版社,1980.

2. 儿童美术行为是其集体无意识、个人无意识与意识相结合的产物

里德认为:"在儿童心内,正和成人一样,有一种心理历程或活动发生在意识层之下,这种活动易于把有机体呈现的不规则或基本的心像组成和谐的模式。"阿恩海姆在《艺术与视知觉》中列举了儿童画中的曼陀罗式样(图 1-1),他说,曼陀罗式样是"儿童早期发展阶段上所创造出来的典型式样之一。要解释这一式样在儿童画中普遍存在的现象,我们只能联系儿童在低级的绘画阶段上视觉对事物的秩序所具有的那种特定的需要。但这种式样被无意识和无意识的心灵知觉和创造出来的时候,它能够象征着它们对宇宙的本质所做的最最深刻的洞察。"由此可见,集体无意识也普遍地存在于儿童身上。

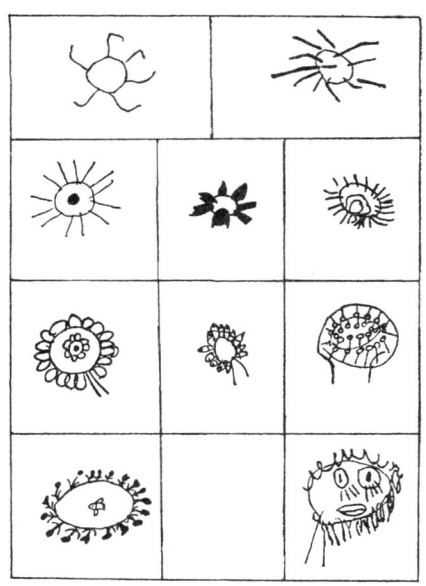

图 1-1 儿童画中的曼陀罗式样

因此,就儿童而言,他们的个人无意识的发展态势是一个漏斗型的,是在以往人类各个阶段积淀的基础上层层推进,不断地由简单到复杂、由低层次向高层次演进的能动建构的过程。

荣格还把艺术品分为心理型和幻觉型两种模式,心理型艺术作品,无论多么独特,都是从人类意识经验的广阔领域撷取素材,生活经验、情感体验等构成了心理型艺术创作的主题,作品所包含的一切经验及其艺术表现形式都是能够为人们理解的。幻觉型艺术作品,其素材来自人们所不熟悉的人类心灵深处的原始经验,这是一种真实而又原始的,比人类情感更深沉、更难忘的经验。由于它超出了人类意识经验的范围,我们不能理性地加以把握,而只能朦胧地、部分地感受到,因而也不能加以理解。然而,荣格认为,这种表现无意识的幻觉型艺术是有其特殊的意义的。它能满足人们的心理平衡,使人的人格健全发展。并且,由于幻觉型艺术作品表达了一种不可穷尽的象征意义,因而具有永恒的生命力。儿童画中的曼陀罗式样就是一种幻觉的表达。所以,我们认为,儿童的艺术作品是心理型与幻觉型的结合。并且,越是早期,其作品的幻觉型特征越是明显。

因此,我们认为,儿童的美术创作是其深层心理中集体无意识和个人无意识结合成的一股创造的动力推动的结果。这股创造动力,使得儿童产生不自觉的美术创作的冲动,在意识的作用下,形成种种美术行为,其中的美感显得单纯而敏感、变幻离奇而富于冲动,显示出一种特有的神秘与不可理解的魅力。正因为如此,艺术大师毕加索说他一直在向儿童学习绘画。美国艺术心理学家艾伦·温纳就认为,10岁以下的儿童的绘画作品与真正的艺术家的作品有相通之处。例如:早期儿童的涂鸦,无论是未分化的涂鸦、控制涂鸦、圆形涂鸦还是命名涂鸦,其形式与抽象表现主义的作品相似;象征期儿童作品中的简略而不固定的形象表现及无秩序感的空间安排,类似于新表现主义的作品;而儿童"夸张"与"省略""变形"的处理方法,类似于野兽主义;多重时空同时表现,也类似于超现实主义的做法;视点游走的表现,又与立体主义和野兽主义的处理方法相仿。

3. 对学龄前儿童美术教育的启示

精神分析理论对儿童美术行为产生机制的解释,有助于我们更深入地理解学龄前儿童的美术活动,同时,对学龄前儿童美术教育也不无启示。

①从教育态度和目标上来看,教育应承认每个儿童都有美术创造的潜力,而不是美术技能技巧的训练上。

②从教育内容上来看,应选择那些既符合或揭示人的深层无意识本身的秩序和运动规律既具有类主体的结构,又符合儿童自身特定的生活经验、愿望与情趣的对象。

③从教育的媒介物上来看,教育过程中,教师应注意使用一些具有表现力的新奇的媒介,作为引发、释放和发挥幼小儿童潜在的艺术本能和想象力的手段和工具。

④从教育经验的准备上来看,教师要注意通过多种途径和方式,让儿童用多种感官获得丰富的感性经验。

⑤从教师的指导上来看,在指导过程中教师要把重点放在儿童美术欣赏和美术创作的过程上,注意激发他们的审美情感,让儿童带着强烈的兴趣进行探索和思考,而不是进行机械的灌输。

⑥从对儿童美术作品的评价上来看,教师应注意把评价标准放在作品是否反映了儿童的真情实感,是否有童趣上,而不是放在画得像不像上。

(二)儿童美术学习的领域

按照不同的标准,幼儿美术可以有不同的种类划分。通常最常规的划分方法就是根据美术学习活动的方式来进行,类别有欣赏分享、设计应用、造型表现、综合探索四个学习领域。

第二节 儿童美术的发展过程

一、审美发展

(一)幼儿美术教育与幼儿审美感知的发展

幼儿审美感知主要来自于幼儿的视觉。这种视觉是积极主动地进行选择的,它不是对感性材料的机械复制,而是对现实的一种创造性把握,它意味着捕捉眼前事物中对审美主体来说最突出的那些事物及其特征,也可以这么说,视觉感知是一种对客观刺激物进行改造、组织或建构知觉"完形"的能力,是审美主体的一种积极主动的心理活动。幼儿审美感知是幼儿视觉器官对欣赏对象的线条、形状、色彩等要素组成的形象的整体把握,是一种区别于日常感知的特殊感知,它是审美主体的一种积极主动的心理活动。

(二)幼儿美术教育与幼儿审美想象的发展

幼儿美术活动不是靠概念、判断、推理来进行的,而是靠想象来进行的。幼儿在想象的过程中,往往可以超越时空和心理的限制在想象的海洋里自由驰骋。在这个过程中,幼儿像亲身经历了一样,从而几乎可以达到一种如见其人、如闻其声、如触其物、如嗅其味的身临其境的境界,并且伴随着强烈的情感体验活动。所以,在幼儿美术活动中,我们经常看到幼儿一边画,一边说,还一边手舞足蹈,完全沉浸在自己的创作世界里。

想象是创造的第一步,它使幼儿美术教育的意义不仅仅停留在感性形式上,而且能够使幼儿更加深入地感受到对象的感性形式中那些更为丰富的内在意义。审美想象的实现过程是一个具体的过程,最后的效应往往是意象的生成。审美意象是想象的结果,也是美术创造的媒介。在美术教育中,培养幼儿的审美想象就是要帮助幼儿形成审美意象,让幼儿在宽松自由的心理环境中放松地专注于自己的审美想象活动,为美术创作积累丰富的、生动的、鲜明的图式。

(三)幼儿美术教育与幼儿审美创造的发展

幼儿美术教育是培养幼儿创造能力的最佳途径之一。培养创造能力的重要条件之一就是要有想象的自由,而美术活动相对于其他活动,为幼儿提供了更加自由的环境和条件。在美术领域里,标准是多元的,不论是美术创作还是美术欣赏,一般来说,都没有唯一的标准答案。这就为幼儿的自由创造提供了一种现实的、形象的、丰富多彩的形式,使幼儿的创造能够借助于美术媒介表达出来。我们常常可以在幼儿的作品中看到非凡而离奇的想象和创造。如在幼儿的绘画作品《西瓜》中,有的小朋友在西瓜里面装上了搅拌机,使西瓜瓤变成了西瓜汁;有的小朋友在西瓜上"安装"了水龙头;有的小朋友在西瓜上"安置"了竹管和吸管,为的是让不知道怎么吃西瓜的外星来客能方便地喝上西瓜汁。这些想象和创造既独特新颖,又合情合理。在美术教育中,教师应站在幼儿的立场上,理解、肯定、鼓励幼儿这种审美创造,帮助幼儿从审美想象转入审美创造。

(四)幼儿美术教育与幼儿审美情感的发展

以情感为特质是幼儿审美的基本特征,因此,在幼儿的审美想象活动中,以情感为动力的想象力必然获得更大的自由,能够突破物理世界的种种制约,跨越时间、空间、人神、生死之间的种种界限,在自由伸展中创造出自己独有的审美世界和奇特的审美意象。由于情感的因素,使幼儿的审美意象成为有生命的形式,幼儿在以情观物的同时,也将自己的情感移入了观察对象,给观察对象涂上了浓厚的情感色彩,作品内容被幼儿情感化,幼儿能与它们进行情感交流,而最后所形成的审美意象,正是他们审美情感的升华和凝聚。

幼儿美术活动为幼儿提供了一个情感宣泄与满足的机会,从而使美术活动成为他们喜爱的活动。在美术欣赏活动中,幼儿的内心情感与美术作品所表达的情感逐渐同构,从而产生审美愉悦,增强审美感受的敏感性。在美术创作活动中,教师为幼儿创设宽松的心理环境和丰富的物质环境,幼儿尽情地、自由地表达自己的认识和情感,感受到用美术与别人交流的喜悦。我们不难发现,几乎每个幼儿在完成一幅画或制作出一件手工作品时,都会流露出一种愉悦的、放松的、甚至恋恋不舍的情感,美术活动过程与美术作品加强了幼儿的满足感,而这种满足感是个人成就感的重要组成部分。

二、全面发展

(一)幼儿美术教育与幼儿身体发育

美术活动是需要动手动脑的活动。幼儿在美术活动中可以促进感觉器官、大肌肉和小肌肉的发展。就人脑的生长发育而言,大脑的左右两半球应该是协调发展的。大脑左半球是语言、计算、书写、逻辑推理等智力活动的控制中枢。而大脑右半球则是视觉、知觉、空间关系、音乐、舞蹈、身体协调、直觉思维等心理功能的控制中枢。因此,幼儿语言、计算等的学习和训练,都是对大脑左半球功能的锻炼,如果同时注意利用绘画、手工、唱歌、舞蹈来加强动作和空间知觉的训练,将促进大脑右半球功能的发展。同时,美术活动中的动手操作也促进了手的功能的发展。

(二)幼儿美术教育与幼儿认知发展

儿童认知能力发展研究表明,手的活动关系到认知的发展,动手操作可使幼儿获得思维能力所必需的数理逻辑经验,能促进幼儿认知经验的进一步丰富和内化,从而使思维活动的水平越来越高。

幼儿在美术活动中还可以获得观察和想象的发展,如画"春天",幼儿先做"春天在哪里"的游戏,然后到大自然中去寻找春天,通过各种感官感受春天已来到身边,最后幼儿可以一边朗诵《春姑娘来了》的诗歌,一边用画笔画出自己的所见、所知和所想的春天。有了前面一系列活动的铺垫,幼儿在美术创作过程中会表现得想象力充分,情感丰富,思维积极性高,动手能力强。

(三)幼儿美术教育与幼儿社会性发展

善于协调各种关系是一个人社会性发展的重要标志,在幼儿园美术活动中,不少操作方法和步骤都有一定的规则,有的活动还要求幼儿以小组为单位共同完成任务。例如,在创作剪贴画《春天》中,幼儿之间必须既有分工,又有合作,必须遵循剪贴画的特点,分清先后步骤,才能最后完成作业。

在美术教育活动中,每一个幼儿都不是一个孤立的个体,他们在画画或做手工的过程中要与同伴交往,这会更加有利于促进幼儿的社会性发展。

第二章 学龄前儿童美术教育教学的理论依据

学龄前儿童美术教育教学的理论依据是教育活动得以开展的基础,作为美术教育活动的主导者,应该明确学龄前儿童美术教育的含义、功能,合理安排并达成学龄前儿童美术教育的目标,只有深刻了解了学龄前儿童美术教育的本质以及美术对儿童发展的作用,才能更好、更科学地实施美术教学活动。

第一节 学龄前儿童美术教育的含义与功能

一、学龄前儿童美术教育的含义

(一)美术教育与学龄前儿童美术教育

1. 术语含义

美术是最突出的人类行为之一。伴随着美术这一独特的人类活动的产生,在原始人类生产力极度低下和物质极度匮乏的情况下,古代原始美术教育也出现了萌芽状态。因此,从一定意义上可以说,美术教育就是美术和教育这两种人类特有活动交合、彼此相互作用的共同产物,两者是合而为一,密不可分的。作为以美术为教育内容的美术教育,是人类社会一种重要的文化教育活动,也是人类文化教育最早的门类之一,有美术就必然有美术教育,没有美术教育就不可能有美术的延伸和发展。

美术教育是人类活动的特有产物,它一方面从美术这一文化载体中汲取营养;另一方面又通过教育这一特殊的媒介广泛地传播出去,使美术教育与人及社会形成了彼此助益、双向建构的关系。

美术教育这一术语内涵丰富,外延宽广。一般有广义和狭义之分。广义的美术教育指"以培养人的素质和修养为目的的美术教育",包括各类各级学校和校外机构的普及性美术教育等,即以教育为本位的美术教育;狭义的美术教育指"以培养美术专门人才为目的的美术教育",包括高中等专业美术教育和高、中等师范美术专业教育等,即以美术为本位的美术教育。

2. 历史含义

美术教育的历史久远,其含义也是随着时代的变迁,被人们加以修正而不断演变的。因此,美术教育的含义有历史含义与现代含义之分,不同的历史时代必然有不同的美术教育含义。

(1)原始社会的美术教育

美术教育的含义界定最早可追溯到古希腊与我国的原始社会。原始社会时期,生产力极其低下,人们为了生存,已经有了生产技艺的传授,为了精神生活的需要,也有了原始的美术创造和欣赏活动。但那时候人们还不具备自觉的美术教育意识,教育主要是劳动经验的传授,而造型活动是这类劳动经验中一个必不可少的部分。美术教育就发源于这一种造型活动。

事实上,无论是美术还是教育,在原始时代都尚未独立于生活之外。在原始时代,并无生活与美术之分野,而是两者浑然一体,美术成为原始人生活的一部分。原始美术教育虽然原始,甚至与巫术等活动有着难解难分的关系,但作为传授技艺的工具之一,有着自身的传授规律,其作用不可小觑。它直接促进了美术文化由粗至精,由简到繁的变化。

（2）奴隶社会的美术教育

随着生产力的发展和私有制的出现,诞生了奴隶社会。奴隶社会是教育作为独立的社会活动形成时期,这首先表现为学校的出现。学校的产生一方面是出于奴隶主巩固其统治地位的实际需要,尤其是在"国家"这一特定概念形成以后,从这一角度说教育的某些自身特征正好与这一需要不谋而合,可起到很好的"教化民众"的作用;另一方面则是出于其满足自身享乐需要的考虑。可以说,古代奴隶社会学校及学校教育的产生是政治和社会生活的共同产物,也是生产力发展到一定程度的必然结果。有了学校,就意味着有专门的教育者和受教育者,有预先确定,相对稳定的教育目的、内容与方法,也就是说,培养人的活动专门化了。

在奴隶社会,古典文化产生,人们开始把美术作为美育和乐教的一部分,以满足统治阶级及其子女陶冶性情和文化生活的需要。过去那种无定居时代"遇事而学""随机而教"的落后状态得以改变。

在中国夏、商、周时代,学校教育已成为教育活动的主要形式,尤其是奴隶社会鼎盛时期的西周(约前11世纪—前771年),其教育制度渐趋完备,形成了奴隶制的官学体系。教学内容则是以礼、乐为中心的"六艺"教育,即礼、乐、射、御、书、数。其中的"乐",包括音乐、诗歌、舞蹈。虽然没有明显说明六艺中包括美术,但六艺教育的实施反映了当时社会的理想教育标准,实际上已经具备了德育、智育、体育和美育的性质。尽管美术教育还未在学校教育中占有一席之地,但却有"全面发展"的教育思想的影响,为美术教育的进一步发展培养了丰厚的土壤和优秀的思想传统,以供后世吸收与借鉴。

几乎同一时期,在相隔遥远的古希腊,也出现了"全面发展"的教育思想,但"美术"的概念虽仍尚未从"技艺"一词中分化出来,而美术教育则已与美育息息相通。公元前6世纪古希腊的毕达哥拉斯学派的大多数科学家、哲学家都研究过音乐、美术和教育,强调意识对人的影响。这为西方美术教育的进一步发展奠定了基础。

(3)封建社会的美术教育

在封建社会,美术也仅被统治者视作一种教化民众的手段和自身享受的工具,而宫廷画工、画师只是他们的奴仆,这些工匠艺人在文艺复兴时期尽管被认为是一批极有才华的天才人物,但对他们进行的教育和训练,仅仅只是宗教的和封建的思想灌输以及单纯的美术技能技巧训练。

17世纪欧洲资本主义大工业兴起之后,"艺术的美学"与"审美教育"的概念开始从关于技巧的概念和技艺传授的理论中逐渐分离出来,到了18世纪末和19世纪初,这一现象越来越明显,以致确定了美术与技艺、美术教育与技艺传授、广义的美术教育与狭义的美术教育的区别。这时的美术教育含义,已不是指精细或高度技能的美术技艺的传授,而是指"艺术的教育""美的教育"或"通过艺术进行的教育"。

美术教育作为独立的概念和学科的出现则较晚,直到1880年德国艺术教育家利希德沃克发表的《艺术教育思想之发展》的一文中出现的德语"Kunsterziehung"和"Kunsterische Erziehung"才被认为是最早的出处。美术教育在理论上已基本从"技艺的传授"中分离出来,重视审美和视觉思维的"意图传达"胜过"技艺的传授"。

3. 现代含义

现代美术教育作为人的全面发展教育中不可缺少的组成部分,而被纳入学校教育中去,成为其提高综合素质的重要内容和不可或缺的辅助手段之一。现代美术教育是强调美术教育全面素质的教育,以人的培养为宗旨,充分发挥学生的艺术和审美潜能,呈现出更强的"人文关怀"和一定的"生态式"发展的特点。

由此可见,美术教育不仅与人类起源有关,更与人类文明的发展密不可分。"美术教育"这个古老的命题从开始就具有了多层次、多侧面、多学科结合的特征,它不仅成为传播社会知识、表现内心情感、满足审美需求的重要途径,更是人类文化教育活动的重要社会现象,并为一定的社会经济、政治和文化的发展服务。然而应该看到,幼儿美术教育与一般意义上的美术教育或专门人才培养的美术教育是有区别的,无论在教育目标、内容方面,还是在活动过程、方式、结果等方面都是不同的。幼儿美术教育的宗旨是以幼儿为本,为幼儿的持续发展和未来的教育奠定良好的基础;以发展幼儿审美素养和基本素质,提高幼儿生活质量为基本价值取向。

(二)学龄前儿童美术教育的发展

1. 西方学龄前儿童美术教育的发展

在美术教育这一术语产生之前,实质意义上的美术教育的理论和实践已经有了相当的发展。

西方美术教育可以追溯到古希腊时代。古希腊的哲学家德谟克利特将艺术看成是可以改变人的重要手段,主张对儿童的艺术教育既要注重天赋,又要强调勤学,这样能使儿童在掌握技能的同时培养思想品质。

中世纪西方的美术教育几乎成了一种纯技艺性的工匠教育,学徒们在画坊从师学艺,以掌握技能、谋取生路。

文艺复兴时期,美术家的地位提高了。在人文精神的感召下,人们对美术教育有了新的认识。在此时期,很多教育家都提出了艺术教育的要求,主张通过美育全面发展儿童的身心。

近些年以来,注重创造性表现的美术教育思想正在接受来自不同立场的学者们的批评。心理学研究也证明创造性的发展不只局限于美术领域,而儿童审美经验的获得大多是学习得来的,不是与生俱来的。人们越来越以怀疑的目光看待长久以来被认可的教育理念,并开始注意美术在人类经验上的价值。虽然,不少教育机构的美术教育仍在强调个人的表现,但是许多教育工作者已在关注艺术家及其作品的视觉与象征性品质、教育目标中开始融入人类生活对美术经验的特征。美术教育中的这种变化也在一定程度上影响着学龄前儿童美术教育实践。

总的来说,美国幼儿教育机构具有相当强的独立自主性,每个机构可以自由选择适合各自需要的课程,包括美术教育的课程。美术教育在美国的教育体系中没有稳固的地位。近些年来,这种情况有了改善,特别是在幼儿教育层次。上述对美国美术教育发展过程的概述只是一种总的趋向。美国幼儿美术教育的实践活动在很大程度上是受这种总趋向左右的。

德国教育家对美术教育的理解与同时代的美国人、英国人大相径庭,后者一开始就带有浓郁的实用主义色彩。在德国,也有使用工艺需要的问题,但是德国人赋予美术教育的意义超越了为工艺服务的要求。与美国人和英国人一贯务实的思路不同,德国人习惯思辨,因此他们根据教育理论演绎了美术教育的目标。

德国的美术教育的基本出发点虽与美国、英国不同,但是教育实践在形式上却比较类似。例如让儿童练习画图,首先从画垂直线、水平线和斜线开始,再进入三角形、正方形、矩形的描绘。教师示范这些线和形,让儿童模仿和练习。这种教育实施了将近半个世纪,一直延续到大约20世纪初期。

当时的心理学盛行儿童研究。德国教育家们从儿童的自由画中发现,一向被成人认为是拙劣而无聊的儿童画反映了儿童完全不同于成人的表现特征。在多项研究中,可思修泰纳的研究最具代表性。他在慕尼黑任督学时,用了一年的时间拟定计划和方法,并花费了七年的时间研究了儿童美术的发展。研究的结果使学者们一致要求对美术教育进行改革。

由齐塞克开创的自由与创造的美术教育当时影响了西方许多国家,德国也不例外。可以说,齐塞克对美国教育的改革与德国学者们的构想不谋而合。

造型艺术有描绘与构成两个层面。齐塞克的工作开创了将美术中的描绘提高到艺术境界的高度,并带动了美术教育的革新。而由德国建筑家格罗比乌斯在1919年设立的包豪斯,形成了受世人瞩目的构成教育。

与其他国家的儿童美术教育相似,德国的美术教育也主张在浪漫表现倾向和科学理性倾向的两种潮流中取得某种平衡。德国的儿童美术教育工作者认识到在教育实践中创造性表现的目标被强调得太过分了。这种过分夸大地评价儿童自发性表现的结果,反而使儿童失去了自我表现的机会。

与美国、英国等的美术教育相类似,明治初期日本的美术教育也十分重视实用功利,目的在于培养产业后备军。受西方图画教育的冲击,日本绘画局限于用铅笔练习描绘正确的图形。这一时期被称为铅笔画时期。

1886年前后,一位名叫费诺洛沙的美国人和冈仓觉三等人极力倡导国粹主义,反对盲目西化,主张在图画教育中舍弃铅笔画,回归日本风格的毛笔画。在以后的十多年中,铅笔画和毛笔画的优劣争论不休。

1902年,日本文部省成立了图画教育文员会,并于1904年发表了一份对日本美术教育的发展产生深远影响的报告书。该报告书提出美术教育的作用和目的,科学地区分了美术教育在怡情养性及实用方面的不同目标,主张在培养欣赏能力的基础上,重视训练儿童的观察能力和动手能力。根据这一观念,日本文部省出版了一系列国定教科书。

国定教科书的出版并未从根本上改变日本的美术教育。尽管教材中安排了一些写生、记忆和创造的内容,但是基本上未脱离临摹的主要方式。1919年,日本画家山本鼎发起了自由画教育活动。当时日本民主思想刚抬头,而欧美推崇个性和创造的"儿童中心"的教育思想冲击了日本的美术教育。山本鼎对出版已达十余年并仍在继续使用的国定教科书进行了猛烈的抨击,将其称之为"干涸的临画帖"。他主张摒弃临摹,朝向自然写生,迈向创造。

山本鼎的自由画教育思想虽然受到官学派的强烈反对,但是随着日本社会的进步,山本鼎的主张获得了越来越多的人的认同,特别是得到了众多不满现状的进步教育家的支持。舍弃临摹、迈向自然的风潮逐渐高涨,并最终摧毁了定型化的图画教育。山本鼎曾于1919年在长野县举办了首届儿童画展,轰动一时,其影响迅速蔓延到了日本各地。

然而,山本鼎的自由画教育主张以矫枉过正的方式对待过去的不足,片面、绝对地强调自己的喜好,甚至认为乱涂一番的画才是新式的自由画。因此,山本鼎领导的自由画教育运动导致日本美术教育处于无序状态,受到了一些人士的批评,也遭到文部省的反对。这场运动虽然没有最终形成气候,但是它毕竟是日本美术教育的一个里程碑,对日本美术教育产生了深远的影响。

当时,德国的包豪斯构成教育思想也影响了日本,使日本美术教育者认识到美术教育不是狭隘意义上的图画教育,必须涵盖绘画以外的工艺、建筑、雕刻等,应对一切人的造型美感与构成提供理解力、鉴赏力及技能等方面的训练。

1941年,太平洋战争爆发后,日本施行了"国民学校会",对学制、内容和方法做了很大的改变,规定了"艺能科中的图画,以认出、表现形象。培养鉴赏作品之能力醇化国民情操,涵养创造力为目的"。二次大战后,图画与劳作合为一体。1951年颁布的学习指导要领中规定:"图画劳作教育,由造型艺术方面,提供有关日常生活所需衣、食、住与产业等之基础性理解与技能,养成开朗、丰富的营生能力、态度与习惯,培养身为个人或社会成员均能从事和平、文化的生活资质。"战后日本美术教育的最大特征是美术教育被认为是具有重要教育功能的一个科目,其教育价值获得了很高的评价。

1952年,由美术评论家久保贞次郎等人发起,创办了"创造美育协会"重新提倡山本鼎所主张的自由画教育运动精神,呼吁日本美术教育工作者对旧的做法加以彻底反省,以建立新的美术教育,鼓励及培育儿童的创造天赋。由"创造美育协会"推行的美术教育改革运动引起了全日本的反响,赞成者与日俱增。

然而,由"创造美育协会"倡导的创造美育也遭到了批评,其中来自川村浩章等人创立的"造型教育中心"的批评最为激烈。该团体认为,造型教育不可单凭自我表现,教育应有系统化,应大力推行造型基础学。

总的来说,日本学龄前儿童美术教育赋予幼儿自我表现以很高的价值,并注重选择适应学龄前儿童心智成长的教学内容。涉及的教学内容相当广泛,有绘画、摹写、拼贴、堆积、手工制作以及鉴赏活动等。各类教学内容之间不是孤立的,而是有机联系的整体。在美术教育中,透过艺术的教育,结合造型基础教学,这两者的统合,可能是日本学龄前儿童美术教育正在探索的路线。

2. 中国学龄前儿童美术教育的发展

(1)中国古代和近代美术教育发展概述

从奴隶社会到漫长的封建社会,中国美术教育是以重"艺"为特色的。重"艺"的美术教育浮泛于上层社会和文化人中,主要作为一种提升道德、陶冶性情的精神文化活动而存在。

中国近代美术教育发展迅猛,其直接的动力是科学与实业的发展。人们从科学与实业中认识到美术对社会物质产生的促进作用,于是在洋务派创办的新式学堂中设立了图画手工科。1904年1月,清政府颁布的"癸卯学制"中,图画和手工也进入了学校。由于政府对美术教育的态度带有明显的实用功利性,美术教育属于"技"的一类受到前所未有的重视。

(2)中国现代学龄前儿童美术发展概述

中国现代美育的开创者是王国维,他学贯中西,其美学观既有西方美学的思辨色彩,又有中国美学的直观特点。他开创的现代美育,既有西方美育的科学因素,又有中国美育的伦理成分。如果说王国维开了中国现代美育的先河,那么对中国现代美育发展做出了重大贡献者,应当首推蔡元培。

在奥地利的齐塞克开始推行儿童美术教学时,中国当时的教育部于1908年派人将儿童作品带去展览,曾引起英国人的效法。在众多的对中国现代美术教育做出贡献的人物中,陶行知是杰出的一个。他把创造真善美的人作为教育的最高目标,指出在塑造真善美的人时,需要教育者按照美的原则密切合作,要合于节奏、达到和谐。陶行知认为,为了在教育中"真、善、美合一",首先要创造艺术环境。他在《湘湖教学做讨论会记》中指出,烧饭是一种美术的生活,做一桩事情、画一幅图画、写一张字,如能自慰和慰人就叫作美。他还认为,真、善、美合一的教育,必须是知、情、意合一的教育。

陈鹤琴对中国学龄前儿童美术教育的研究做出了杰出的贡献。他于1925年所著的《儿童心理之研究》中有一章内容是"儿童的绘画"。在其概论中,他写道:"凡属人种都有图画之贡献,凡属儿童都有绘画之兴趣。绘画是言语的先导,表示美好的良器。要知儿童心理,不可不研究儿童的绘画。考诸欧美,研究儿童绘画者人数较多,唯独吾国研究的人很少。因此我们宜急起直追,以助教育儿童之不及。"他以自己的长子为研究对象,进行了长期的、连续的研究,得出了有关儿童绘画能力发展的有价值的结论。陈鹤琴对幼儿美术教育的研究,在20世纪50年代初有了更大的进展。他的一些研究报告,如《从一个儿童的图画发展过程看出儿童心理之发展》等,在中国学龄前儿童美术教育领域具有举足轻重的影响。

近年来,学龄前儿童教育改革的思潮使传统美术教育受到了冲击,上述状况有所改善。

(三)学龄前儿童美术教育的特点

1. 幼儿美术教育是满足幼儿审美情感需要的情感教育

幼儿期心理发展的一大特点便是自我中心,幼儿常常不自觉地把自己的情感投射到客体上,使世界万物都变得有生命。

2. 幼儿美术教育是以培养幼儿审美创造力为核心的教育

从幼儿美术发展的特点分析,每阶段都显示出他们与众不同的创造能力,这种创造力是指他们利用工具和材料,把过去的经验加以重新组合，制作出对其个人来说是新颖的、有价值的美术作品的能力。这种能力不仅在美术作品中反映出来，还从他们的活动过程中显示出来，同时还表现在欣赏美术作品时的丰富的想象力，这些为幼儿审美创造力的发展提供了条件。

3. 幼儿美术教育是培养幼儿手、眼、脑协调活动的教育

幼儿美术教育是手、眼、脑协调的教育，不动手就谈不上美术教育。幼儿的美感体验、技能习得及表达创造都是在具体动手操作的美术行为过程中获得的。美术活动需要幼儿用多种感官去感知审美对象，用脑去理解、想象、加工审美意象，用语言去表达自己的审美感受，用手操作美术工具和材料去表现自己的思想情感和所见所闻。他们通过心理活动对头脑中存在的映像进行构思，通过动手操作，把自己对美的感受传达给别人。

4. 幼儿美术教育是提高幼儿审美表现技能的教育

幼儿的审美表现不能永远停留在一个水平上。例如，幼儿的绘画不能永远停留在"涂鸦期"。随着幼儿年龄的发展，当他们的审美感受日趋丰富、审美理解日趋深入、审美表现日趋迫切、审美创造日趋积极的时候，如果缺乏表现技能就会阻碍他们的审美表现和审美创造，审美教育就成了一句空话。因此，幼儿美术教育必然包含幼儿美术技能的教育。美术技能教育的目的不是为了培养美术家，而是教给幼儿基本的、简单的、必要的美术技能。例如：使用各种美术工具材料的方法和技能，美术欣赏的基本方法，绘画的基本技能和手工的简单规律和步骤等，这些技能可以帮助幼儿更好地从事美术活动。

二、学龄前儿童美术教育的功能

（一）有利于幼儿审美能力的发展

"爱美之心，人皆有之"，但人的审美能力不是天生的，而是在

后天逐渐培养起来的。学龄前儿童在日常生活中,在成人的正确引导下,观看五彩缤纷的节日彩灯和焰火,聆听下雨时有节奏的嘀嗒声,在景色迷人的公园里游玩,在碧绿清澈的水池里嬉戏,都可以使儿童感受和理解大自然中、社会生活中、艺术作品中的美。无论是幼儿园环境的美化、成人的衣着打扮,还是家人的生活起居、社会上人们的言行举止,以及大自然五光十色的景物和多姿多彩的变化都能引起学龄前儿童的注意,激发审美情感,使他们受到美的陶冶。美术教育就是借助于大自然和社会生活中一切美的事物,通过艺术手段对学龄前儿童进行审美能力的教育。一些适合于学龄前儿童接受水平的绘画,工艺品、雕刻、建筑等优美的造型,均匀对称的花纹,丰富而协调的色彩,巧妙精美的构图,都能激发儿童的审美情感,培养儿童的审美能力。

在学龄前儿童日常生活中,我们可以通过引导儿童欣赏周围存在的美的事物,鉴赏、评论美术作品,来提高学龄前儿童的审美能力。在学龄前儿童参加美术实践活动中,在他们动手画图画、做手工、自制玩具等创造性艺术活动中,又能进一步受到美的陶冶。例如,幼儿园大班的小朋友游玩了公园以后,画了《美丽的大自然》,嫩绿的杨柳随风飘扬,色彩绚丽的鲜花开放,还有小燕子在空中飞翔。幼儿在画面里,倾诉着他们对迷人的自然景色的向往。又如,组织幼儿布置"美的角落"活动,一块美丽的花布,几张精美的糖纸,带花纹的贝壳等,孩子在亲自动手布置的过程中,会不断地自言自语:"这件东西好看吗?""我应当怎样把它弄得更漂亮?"就是这样用不断变化着的美术内容和活动方式,引起学龄前儿童对美的惊奇和探究心理,产生对美的追求和表现的欲望。因此,学龄前儿童的审美能力能在美术活动过程中得到充分的发展。

(二)有利于幼儿健康情感和健全人格的形成

幼儿时期,其心理发展的一大特色是以自我为中心,容易将自己的情绪、情感投射到物体身上,用身心感悟着我们的世界。正是儿童的这种特点,使得美术活动成为孩子进行情感沟通和获得心理满足的重要途径。细心的家长不难发现,孩子总是喜欢把墙上的裂缝看作一只大怪兽,把天上的星星当作一盏盏点亮的小灯,把缤纷的落叶看作树妈妈的宝宝们,他们手中的色彩也在随着情绪的变化而变化。

(三)有助于幼儿想象力、创造能力的发展

在孩子的美术作品中,成人有关美术创作的许多条条框框被打破,出现一些在成人看来既可笑又非常可爱的现象,如不合逻辑的构思、不合比例的造型、主观想象的色彩等。学龄前儿童创作美术作品的过程是一个极具个人色彩的过程,由富有个人情感色彩的感知、审美加工和创造性表达组成。家长正是要保护孩子的这种创造性,既要有发现孩子创造能力的眼光,又要有积极的鼓励言行。

(四)有助于幼儿手、眼、脑的协调

学龄前儿童的美术活动包括心理操作和实际操作两个方面。在这个过程中,孩子的手、眼、脑并用。用多种感官感知审美对象,用脑去想象、理解、加工审美意象,用语言去交流自己的审美感受,用手去操作美术工具和材料来表现自己的情感和想法。操作教育一定要依据孩子的身心发展水平和需要进行。

第二节 学龄前儿童美术教育的目标与内容

一、学龄前儿童美术教育的目标

(一)儿童美术教育目标的沿革

1. 西方儿童美术教育目标的演变

西方最早涉及儿童美术教育目标的,可追溯到古希腊哲学家亚里士多德。他主张用色彩和形状、声音和文字、调和和节奏去培养年轻人,使之"修养全面,发展均衡"。以后的美术教育基本上是在民间以师傅带徒弟的方式进行的,以某种技艺的掌握为根本目标。因此美术教育被认为是工匠技术教育。学校教育中的文法、修辞学、辩证法、算术、几何学、音乐、天文学七门人文学科中没有美术的位置。直到19世纪下半叶以前,美术一直没有作为正规的学校教学课程。19世纪中期,裴斯泰洛齐、福禄贝尔等著名的教育家致力于学校教学课程的改革,并随着工业浪潮的发展,为适应社会经济发展的要求而出现了美术教育。1851年的伦敦国际博览会成了美术教育的重要开端,学校开始开设绘画课和手工课。1880年,以德国为中心,欧洲各国兴起了艺术教育运动。1887年,法国改革初等教育,把图画、手工、唱歌纳入必修课;在英国,著名自然科学家赫胥黎在就伦敦教育委员会的使命发表的意见书中提出,除了智育外,还需要有图画、雕塑和音乐的艺术训练。可见,美术教育在当时的欧洲各国的普通学校教育中开始有了一定的地位。但是,图画、手工、雕塑等课程在被纳入教学体系之初,其教育目标的重点放在培养学生正确描写的能力和掌握制作技术方面。直到19世纪末的艺术教育运动以后,西方国家纷纷将图画课改称为美术课或艺术课,课程的范围也有所扩大。美术教育才作为艺术教育的组成部分被纳入与德育、智育并列的美育领域,有了自己独立的位置。

与西方各派理论有所不同,苏联学者提出了社会主义现实主义理论,认为审美教育的目标是"培养精神丰富、道德高尚、体魄健美的和谐发展的新人"。儿童美术教育属于审美教育领域,其目标在于使儿童懂得如何理解艺术美和生活美,进而形成创造美的能力,并通过各种渠道激发儿童的美术兴趣和爱好,提高他们的文化修养和审美能力;同时,培养他们的视觉感受力、空间想象力以及创造力,促进各方面能力的发展。

从西方儿童美术教育目标发展的历史,我们可以看出,它大致是沿着"社会本位论"和"个人本位论"两个方向演变的。从工匠技术教育论、生活艺术论、本质论到苏联的社会主义现实主义理论大约可以归入"社会本位论",从情操教育论、创造教育论、个性教育论到工具论基本可以归入"个人本位论"。目前,呈现一种二者融合的趋势。

2. 中国儿童美术教育目标的演变

中国儿童美术教育目标的演变历史,走过了与西方大致相同的路线。早期的美术教育基本上是以师傅带徒弟的方式进行的,士大夫阶层学习美术是为了陶冶性情、附庸风雅,"琴、棋、书、画"被认为是知识分子必备的文化修养,劳动人民学习美术大多为谋生。至于美术被列为学校教育的内容则是20世纪初的事。随着洋务运动的兴起,西方和日本的文化与教育思想逐渐传入中国,中国的教育思想家们如王国维等人大力呼吁教育要培养"完全之人物"。清朝政府迫于压力,废科举,办学堂,并把美术教育列入普通学校课程,但仍视为实用学科。1906年的《学部奏请宣示教育宗旨折》中写道:"……图画、手工,皆当视为重要科目,以期发达实科学派。"❶

学龄前儿童美术教育目标是随着幼儿园(即蒙养院)这一集体教育机构的成立而确立的。1904年,《奏定蒙养院章程》中的"保育教导要旨"列出了"手技"(即今日之美术教育)之条目:"手技授以盛长短大小各木片,使儿童将此木片作房屋门户等各种形状;又授以小竹签数茎及豆若干,使儿童作各种形状,又使用纸作各种物体之形状,更进则使用黏土作碗壶等形。又使于蒙养院附近之庭院内,播草木花卉之种于地,浸润以水与肥料,使观察其自发生以至开花结实等各形象。诸如此类,要在使引导幼儿手眼,使之习用于有用之处,为心知意兴开发之资。"1905年的《湖南蒙养院教课说略》中进一步地列出了"手技"之十一条:"木积、板排、箸排、环排、豆细工、纸织、纸折、纸剪、纸刺、缝取、画方"。❷ 显然,

---

❶ 章咸.中国近现代艺术教育法规汇编[M].北京:教育科学出版社,1997.
❷ 同上.

第二章 学龄前儿童美术教育教学的理论依据

实用和技能成了学龄前儿童美术教育的目标。

新中国成立后,苏联专家来华传授幼教理论与实践经验,全国幼教界掀起了学习苏联幼教的热潮。借鉴苏联学龄前教育理论,在苏联专家的直接指导下,1952年,教育部拟订、颁布了《幼儿园暂行规程》和《幼儿园暂行教学大纲》。

1989年颁布的《幼儿园工作规程(试行)》把美育(没有具体到幼儿美术教育)的目标规定为"萌发幼儿初步的感受美和表现美的情趣"。1996年正式颁布的《幼儿园工作规程》把这一目标进一步规范为"培养幼儿初步的感受美和表现美的情趣和能力"。但是,这是一个较为笼统的美育目标,如何具体到幼儿美术教育领域中,尚不明确。

总之,我国学龄前儿童美术教育目标的发展基本上走的是一条"社会本位论"的道路。究其原因,它是由我国的民族文化传统中那种社会高于个人,强调教育必须培养适应社会需要的人,而不注重对作为独立的个体人的培养的价值观念决定的。当然,其中也不乏人本主义的因素,但主要还是以社会为出发点的实用主义的教育目的观。随着社会的开放,文化的进步,科学人文主义的教育目的观正在我国逐步形成。参考联合国教科文组织国际教育发展委员会在《学会生存》一书中对"科学人道主义"的解释"它既是人道主义的,因为它的目的主要是关心人和他的福利;它又是科学,因为它的人道主义的内容还要通过科学对人与世界的知识领域继续不断地做出新贡献而加以规定和充实",我们认为,学龄前儿童美术教育的目标除了考虑现在与将来的社会的需要,以科学(在美术教育领域中,科学主要指美术这一人文学科)为基础和手段,更应该以人自身的完善和解放为价值方向。这样,我们才能保证学龄前儿童美术教育目标既有正确的方向,又有实现的可能。

(二)学龄前儿童美术教育活动目标制订的依据

制订学龄前儿童美术教育活动目标的依据主要是学龄前儿童美术发展的规律、学龄前儿童美术教育科目本身的性质,以及社会文化对学龄前儿童美术教育的要求。

学龄前儿童美术教育活动目标的制订面临这样一个两难问题,既不能教得太多,又不能教得太少。因此,学龄前儿童美术教育在该教的时候就教,不该教的时候不要去干扰儿童的活动。

(三)学龄前儿童美术教育活动目标的结构

学龄前儿童美术教育的目标是指导美术活动设计与实施过程的准则。学龄前儿童美术教育活动目标的结构是指学龄前儿童美术教育活动目标的较为稳定的组织形式,包括学龄前儿童美术教育活动的总目标、分类目标、年龄阶段目标、单元目标以及具体的教育活动目标。

教育活动目标是单元目标的具体化和展开,它必须与总目标、年龄阶段目标一致。同时,活动目标是最具体的目标,必须具备可操作性。教师在制定具体教育目标时,应深入、细致、透彻地研究各层次的目标,透彻把握各层次目标的内涵及其相互间的关系,全面了解教育对象,避免脱离学生实际情况的现象,真正促进儿童的发展。

1. 总目标

总目标是学龄前儿童美术教育总的任务和要求,是确定其他层次目标的依据。必须符合《幼儿园工作规程》中关于幼儿美育的精神。它是学龄前儿童美术教育活动目标最概括的表述。

《幼儿园教育指导纲要》(以下简称《纲要》)明确规定了艺术领域的目标。

①能初步感受并喜爱环境、生活和艺术中的美。
②喜欢参加艺术活动,并能大胆地表现自己的情感和体验。
③能用自己喜欢的方式进行艺术表现活动。

为达到这一目标,《纲要》还列出了艺术领域的内容和要求。

①引导幼儿接触周围环境和生活中美好的人、事、物,丰富他们的感性经验和审美情趣,激发他们表现美、创造美的热情。

②在艺术活动中面向全体幼儿,要针对他们的不同特点和需要,让每个幼儿都得到美的熏陶。对有艺术天赋的幼儿要注意发展他们的艺术潜能。

③提供自由表现的机会,鼓励幼儿用不同艺术形式大胆地表达自己的情感、理解和想象,尊重每个幼儿的想法和创造,肯定和接纳他们独特的审美感受和表现方式,分享他们创造的快乐。

④在支持、鼓励幼儿积极参加各种艺术活动并大胆表现的同时,帮助他们提高表现的技能。

⑤指导幼儿利用身边的物品或废旧材料制作玩具、手工艺品等以美化自己的生活,或开展其他活动。

⑥为幼儿创设展示自己作品的条件,引导幼儿相互交流、相互欣赏、共同提高。

可以说,《纲要》既考虑了儿童发展的年龄特征,又考虑了社会对未来人才的要求,同时还体现了"感受与创造并重"的艺术教育观,其实质就是要培养幼儿的审美感受能力和艺术创造能力。

这种艺术教育观落实到学龄前儿童美术教育中,可以将美术教育总目标表述为:

①初步感受周围环境和美术作品中的形式美和内容美,培养幼儿对美的敏感性。

②积极投入美术活动并学习自由表达自己的感受,体验感受与创造的乐趣。

③初步尝试不同美术工具和材料的操作,并用自己喜欢的方式大胆地表达出来。

这一总目标是学龄前儿童美术教育其他层次目标的依据和最终追求。它体现了美术教育的审美性质,强调要培养儿童的审美感知、审美情感和审美创造等基本能力,并指出了达到这一目标的途径。在这一总目标的指导下,我们可以制定幼儿园欣赏、绘画、手工三种不同类型的美术活动目标。

2. 分类目标

美术活动的目标主要包括认知、情感、技能、创造四个方面。

按照美术本身的性质,学龄前儿童的美术学习可以分为绘画、手工、美术欣赏三种类型。以下的分类目标是把这两种分类结合起来,分析绘画、手工、美术欣赏活动中认知、情感、技能、创造四个方面的目标。

(1)绘画活动

认知、技能目标——引导幼儿初步学习多种绘画的基本技能和方法。

创造目标——使幼儿能大胆地运用线条、色彩、构图初步进行创造性表现,培养其绘画创造能力和创造意识。

情感目标——引导幼儿体验绘画活动的快乐,培养他们对绘画的兴趣,帮助幼儿形成良好的绘画习惯。

(2)手工活动

认知、技能目标——引导幼儿初步学习手工材料和工具的基本使用方法,帮助幼儿在塑造和制作活动中发展小肌肉,做出手眼协调的动作。

创造目标——使幼儿能大胆地塑造和制作不同形态的手工制品,表达自己的意愿。

情感目标——引导幼儿体验手工活动的快乐,培养他们对手工活动的兴趣,培养良好的手工活动习惯。

(3)欣赏活动

认知目标——引导幼儿学习一些粗浅的美术知识,了解对称、均衡等形式美的初步概念;引导幼儿初步感受周围环境和各种美术作品中造型、色彩、构图的情感表现;引导幼儿感受美术作品的内容,使他们了解美术作品如何表现现实生活。

技能目标——培养他们对美的敏感度和评价能力,丰富其美感经验。

情感目标——引导幼儿体验美术欣赏活动的快乐,培养他们的欣赏兴趣。

创造目标——引导幼儿用语言、动作、表情等表达自己对形式美和内容美的感受。

3. 年龄阶段目标

年龄阶段目标是学龄前儿童美术教育活动分类目标在幼儿各个年龄阶段的具体分解和落实。阶段目标按小班、中班、大班的绘画、手工、美术欣赏三种活动这样的顺序分别加以描述。这种表述，有利于教师把握幼儿的年龄特点，选择具体的教育活动材料、教育活动内容、教育活动模式以及教育活动的组织、领导方法（表2-1）。

表2-1 学龄前儿童美术教育的年龄阶段目标

活动内容		小班	中班	大班
绘画活动	认知	初步认识绘画的工具和材料；学会辨别红、黄、蓝、绿、橙等几种基本的色彩，并能说出名称；学会辨别和感受直线、曲线、折线以及各种线条的变化	能较准确地把握形状的基本结构，理解形状符号的象征意义；认识常见的固有色，并说出它们的名称	认识单个物体的整体结构和对各种空间关系的辨析能力；知道运用不同的绘画工具和材料，能创造不同效果的作品
	情感	培养儿童对绘画的兴趣，能愉快大胆地作画	喜欢用自己独特的绘画语言表达自己的想法和感觉	在安排画面的过程中逐步体会均衡、对称、变化等形式美
	技能	学会使用蜡笔、水彩笔、棉签等工具进行涂染；能画出直线、曲线、折线，并能表现线条的方向、粗细、疏密；学会用圆形、方形、长方形、三角形等简单图形表现物体的轮廓特征	学会运用图形组合的方法，表现物体的基本部分和主要特征；会选择与物体相似的颜色，初步有目的地设色、配色；引导儿童围绕主题安排画面，能表现出物体的上下、左右位置	能画出单个人物或动物的大概形象；能运用对比色、相似色、同种色等多种配色方法，注意色彩的整体感与内容的联系；能有目的地安排画面，表现一定的情节，并能掌握多种安排画面的方法

续表

活动内容		小班	中班	大班
绘画活动	创造	引导儿童在涂抹过程中把画面画满,初步学会用图形和线条组合创造各种图式	能大胆地按意愿作画	能将图形融合,尝试用轮廓线创造多种图画,形成自己的图式,综合运用多种绘画工具和材料进行绘画创作
	认知	初步熟悉泥工、纸工等工具和材料;了解泥的可塑性,了解纸的性质	进一步熟悉泥工、纸工知识并学会自制玩具和材料	了解各种纸张的不同性质,知道不同性质的纸张具有不同的表现效果;对自制玩具材料加以分类,以获得选择、收集这些材料的经验
手工活动	情感	通过玩泥、撕纸等活动,体验手工活动的快乐	通过泥工、纸工及自制玩具的活动来积极投入手工作品的创作,并培养儿童对手工活动的兴趣	体验综合运用不同手工材料制作作品的快乐;喜欢用手工来表达自己的想法和情感
	技能	掌握泥工中团圆、搓长、压扁等基本技能;学习撕纸、粘贴,初步撕出简单形状并粘贴成画;初步学会用自然材料拼贴造型;学会用印章、纸团、木块等材料,蘸上颜色在纸上敲印	能正确使用剪刀剪出方形、圆形、三角形及组合形体,并拼贴成画;掌握折纸、撕纸的基本技能,折出简单的玩具或撕出简单的物体轮廓;学习用泥塑造出物体的基本部分和主要特征	用泥塑造人物、动物等较复杂结构的形体,能表现出物体的主要特征和细节;能集体分工合作塑造群像,表现某一主题或场面;能使用无毒、安全的废旧材料制作玩具并加以装饰;能用种纸制作立体玩具
	创造	能大胆地运用印章、纸团、木块等材料在纸上按意愿压印	能大胆地运用泥按意愿塑造;能大胆地用纸按意愿撕、剪出各种物体轮廓	用多种材料、多种形象组合成整体作品;儿童能较熟练地自己选择、使用相应的工具和材料,并能尝试使用各种新的工具与材料

续表

活动内容 \ 班级		小班	中班	大班
美术欣赏活动	认知	知道从自然景物、艺术作品中能够享受到视觉艺术的美	通过欣赏作品,了解作品的主题和基本内容	通过欣赏,了解作品的形状、色彩、结构等美术要素;了解作品的表现手法、艺术风格和创作意图
	情感	喜欢观看、欣赏艺术作品;对美术作品、图书中的各种形象感兴趣;初步体验作品中具有不同"性格"的线条;通过欣赏老师及同伴的作品培养对欣赏的兴趣	能体验作品中的线条、形状、色彩、质地等;通过欣赏产生与作品一致的感觉	喜欢各种不同风格的美术作品
	技能	初步学会运用线条美表现力度感、节奏感	感受作品的色彩变化及相互关系;感受作品中形象的鲜明性和象征性,并体验其情感;感受作品的构成,体验作品的对称美、均衡美、节奏美	能感受作品中色调、色彩之间关系的变化;能感受作品中形象的象征性、寓意性;能感受作品中的形式美
	创造	初步运用动作、表情等表达自己欣赏后的感受	通过欣赏,说出自己喜爱或不喜爱作品的理由,并对作品做简单评价	在欣赏和评价他人的作品时,能讲述自己独特的观点

4. 具体活动目标

具体活动目标是教师依据美术教育的总目标、各类型美术活动的年龄阶段目标,以及幼儿美术发展特点,并结合活动的具体内容来制订的。一般来说,具体的美术教育活动目标既是对活动结果的预示,也是对幼儿提出的具体活动要求。教师在制订美术教育活动目标时应注意以下几点。

(1)角度要统一

这是指一个活动中目标内容要始终从教师角度或幼儿角度出发。

(2)着眼于幼儿的发展

美术活动目标的制定应着眼于幼儿的发展,把幼儿原有的水平与新活动提出的发展目标联系起来考虑,使活动目标既适应幼儿已有发展水平,又能促进幼儿达到新的发展水平。教师在制定目标时要考虑在发展幼儿美术能力的同时,还要发展幼儿的学习、个性、社会性等方面的能力。如中班绘画活动"小猪盖房子",教师制定的活动目标是:尝试选择不同的图形组合表现小猪的基本结构和特征,并根据故事的内容添画背景,体验不怕困难、坚持到底、获得成功的快乐。目标一是基于幼儿已有的经验确立技能发展目标,目标二是促进幼儿的个性得到良好发展。

(3)内容要有系统性

美术活动目标的系统性具体体现在两个方面。一是活动目标中应当包含认知目标、情感目标、技能目标和创造目标。在制定一个具体的美术活动目标时,要综合、系统地体现以上四个方面的目标,既不能过分强化某一方面,也不能忽视或遗忘其他方面。二是具体的活动目标在方向上应与总目标、年龄阶段目标等一致,具体活动目标是从上一级目标中逐步分化出来的。因此,教师在制定具体的美术活动目标时,要根据儿童的年龄和发展水平,由浅入深、循序渐进地提出目标,体现目标的层次性。

(4)要具有可操作性

目标的表述要具体,要具有可操作性,避免出现空泛而笼统的目标。如某位教师在一份大班手工活动计划中将目标制定为:引导幼儿学习用彩泥塑造人物、引导幼儿恰当地使用辅助材料和工具、培养幼儿的想象力和创造力。虽然此目标统一从教师角度出发来表述,但目标中没有体现具体的行为,也没有指出行为发生的条件,因此也就无法反映出教师是通过何种具体活动来体现和落实对幼儿各种能力的培养。由于目标过于笼统,只指出了教育的方向,没有具体的教育活动的目标内容,因而缺乏可操作性,对教师的教学没有指导意义,也不便于实施后的评价。

从上述分析中我们可以看出,学龄前儿童美术教育的目标是通过层层的具体化逐步落实到每一个教育环节中的。因此,老师在教育实践过程中,必须依据教育目标,努力通过低层次目标的实现而最终达到高层次目标的实现,最终真正促进幼儿的发展。

(四)撰写学龄前儿童美术教育活动目标应注意的问题

1. 撰写学龄前儿童美术欣赏活动目标应注意的问题

①通过对周围环境和具体作品的欣赏,学龄前儿童有哪些真实感受?在感受时,教师是否通过引导,让学龄前儿童了解对称、均衡、节奏、和谐等绘画语言?

②学龄前儿童是否在欣赏活动中对美术作品产生了一定的情感?是否大胆地表达出来?

③学龄前儿童是否感受到了美术作品中的形象、主题、内容意义?是否了解美术作品是用来表现现实生活和作者思想感情的?

2. 撰写学龄前儿童绘画活动目标应注意的问题

①在造型、色彩、构图等美术语言方面将掌握哪些内容?有哪些提高?

②能体验绘画活动的哪些乐趣?是否能积极投入绘画活动?

③是否让儿童尝试了不同绘画工具和材料的用法?形成了良好的绘画习惯?

3. 撰写学龄前儿童手工活动目标应注意的问题

①儿童是否能大胆地塑造和制作手工作品?是否了解了手工作品的用途?

②儿童是否能体验手工活动的乐趣,并能积极投入手工活动?

③儿童是否能尝试不同手工工具和材料的基本使用方法,并在教师的引导下形成良好的手工活动习惯?

二、学龄前儿童美术教育的内容

(一)幼儿绘画教育内容范围

幼儿绘画教育的内容主要有以下三大方面。

1. 绘画工具和材料的使用方法

绘画的工具和材料多种多样,其使用方法也是多种多样,我们认为,幼儿可学习的绘画工具和材料的使用方法包括各种绘画工具和材料的性质,各种绘画工具和材料的正确使用方法。

例如印章画就需要用刻好的土豆、萝卜、藕等物体的切面以及积木、笔套、牙膏盖、螺丝帽或纸团、布团、棉绳、手、脚等蘸上颜料压印、拍印在铅画纸上。幼儿要学习怎样压印、拍印等。拓印画是指将硬币、树叶、钥匙等有明显凸出纹路的物体放在薄纸的下面,然后用彩色铅笔在纸上来回密密地磨拓,拓印出纸下物体的清晰的纹理秩序。幼儿要学习怎样均匀拓印等。刮印画是指用蜡笔或油画棒先后涂明快色(如黄、嫩绿、粉红色)做底色、较强烈色(红、橙色)做中间色、暗色做画面统一色,再用铁笔、小刀、大头针等在上面刮出有层次的肌理和形态。幼儿要学习怎样涂色与配色,怎样刮色等。合印画是指将纸对折打开,用画笔蘸颜料在紧靠折痕的其中一个面上画出物体形象(有时也可画物体的一半),然后,趁颜料未干时,将另一半覆盖在上面,压平后再打开。幼儿要学习怎样画、怎样对印等。

纸版画就需要先在一张厚纸上画出物体形象及物体的各个部分,然后把所画形体剪下,贴在另一张纸上,重叠加高后,构成凹凸不平的版面,再用油墨筒在版面上滚上油墨,然后用一张宣纸或绵纸覆盖在上面,用力按压、磨平后,揭起宣纸或绵纸,即成一张纸版画。幼儿要学习怎样画物体及物体各部分,怎样粘贴、重叠、加高,怎样滚油墨,怎样压印等。

2. 绘画的形式语言

绘画的形式语言是指线条、形状、明暗、色彩、构图等美术要素,是绘画表现的手段。美术教育中幼儿所要学习的绘画形式语言主要有线条、形状、色彩和构图。

(1)线条

线条是造型的基本要素之一。在绘画中,线条能表现物象、表达情感、显示个人风格。中国绘画史上用"曹衣出水"和"吴带当风"来称赞画家曹仲达和吴道子出神入化的线条运用。幼儿对线条的学习主要包括:

①线条的形态,有直线、曲线和折线三种形态。

②线条的变化,有线条的方向、长度、质感等的变化。线条的方向变化包括直线的垂直、水平、倾斜、平行、交叉、穿插等变化,如"格子花布"等。曲线因圆弧度的大小、方向转换的不同而呈现的变化,如"小蜗牛""美丽的叶脉""菊花"等。线条的长度变化包括线条的长短变化,如"大雨和小雨"。线条的质感包括线条的粗、细、疏、密变化,如"盛开的花朵"等。

(2)形状

形状是由线条构成的轮廓和结构,也是造型的基本要素之一。形状是形成画面形象的基础。幼儿对形状的学习主要包括:

①基本几何形状,有圆形、方形、长方形、三角形、梯形、椭圆形等,如"吹泡泡""节日的彩旗"等。

②基本几何形状的组合:是指上述基本几何形状组合成合理的结构,如"火车""摩天大楼"等。

③自然形体,是指用连续不断的线条将物体的各部分融合成有机整体,如"小小手""各种动物"等。

(3)色彩

色彩是绘画基本要素之一。色彩有再现性色彩和表现性色彩两种类型。再现性色彩是指再现客观对象色彩关系给人的真实视觉感受,是一种写实的色彩。中国画论中称之为"随类赋彩"。表现性色彩是创作者从表现意图出发,主观进行的色彩搭配,它服从创作者对画面色彩构成的直觉需要。表现性色彩可分为装饰性色彩和情绪性色彩。美术教育中,幼儿对色彩的学习主要包括:

①色彩的色相、明度、饱和度的辨认。色彩的色相是指色彩的相貌、名称。幼儿要辨认三原色——红、黄、蓝,三间色——橙、绿、紫,常见的复色,如红灰、绿灰、蓝灰、紫灰,以及无彩色——黑、白、灰。以色相为基础,幼儿可学习感受冷色与暖色。

色彩的明度是指色彩的明暗程度。幼儿要辨认出例如黄色、白色等明度高,黑色、紫色等明度低。并辨认以明度为基础,一种原色加黑和加白所造成的颜色的深浅。

色彩的彩度(又称饱和度、纯度)是指色彩含色味的多少程度。幼儿要辨认出原色的彩度高,颜色鲜,原色中加黑、白、灰后彩度就低,颜色灰。

②色彩的运用:幼儿学习运用色彩的内容主要包括随类赋彩、主体色与背景色关系的处理、色彩的装饰和色彩的情感表现等。

随类赋彩是指根据物体的固有色彩来着色。为此,幼儿要学习辨认物体的固有色,并据此着色,如"天空中的彩虹""秋天的树叶"等。

主体色与背景色关系的处理是指把握画面上各形象的颜色与画面底色之间的关系。幼儿可学习用深浅、冷暖、艳灰来处理之,如"花越开越大""天太热了"等。

色彩的装饰是指画面上各种色彩的面积、位置以及与形状之间的协调。幼儿可初步学习有层次、有主调地配置同种色、类似色、对比色,如对称与不对称图形、物象的装饰。

色彩的情感表现是指凭主观知觉来构成画面色彩。可让幼儿初步学习用色彩表现常见的几种基本情绪,如"快乐的我""悲伤的大树妈妈""愤怒的爸爸"等。

(4)构图

构图处理就是人、物的关系和位置,在儿童美术教育活动中,幼儿的构图能力主要强调把握整体的能力,以及预先构思的能力。

①独构图是指画面上只有单个形象。幼儿要学习把单个形象大胆、清楚地画在画面的中心位置上,如"夏天的梧桐树""美丽的大蝴蝶"(图2-1)等。

图 2-1 美丽的大蝴蝶

②并列构图是指画面上并列安排着数个形象。幼儿要学习有节奏地在画面上并列安排主要形象与次要形象,如"马路上来来往往的汽车""我跟老师学跳舞""花边"等。

③不对称的均衡构图是指均衡地安排、布置画面。不对称的均衡构图对于幼儿来说比较困难,大班时期,幼儿可在欣赏不对称的均衡构图作品的基础上学习不对称的均衡构图,如"动物园""农贸市场"等。

3. 绘画的题材

绘画的题材指的是取材于生活中的素材,目前幼儿学习绘画的题材有:

①自然景物,如太阳、花、草、树等。
②日常用品,如服装、玩具、家具等。
③人物,如不同性别、不同年龄、不同职业、不同民族、不同姿态的人。
④植物与水果,如青菜、黄瓜、藕、萝卜、苹果、香蕉、菠萝等。
⑤动物,如家禽、家畜、野兽等。
⑥交通工具与生产工具,如汽车、船只、飞机、火箭、吊车等。
⑦建筑物,如幼儿园、住宅小区、天安门、大桥。
⑧简单生活事件,如家庭生活、同伴活动、外出旅游等。
⑨想象中的物体与事件,如未来的房子、海底世界、我长大了干什么、我的梦等。
⑩抽象装饰画,如几何图形装饰。

日本学者园田正治研究发现,受传播媒介的影响,当代儿童热衷于画火箭、宇宙飞船、科学机械装置、怪兽等内容。

(二)幼儿欣赏教育内容范围

1. 欣赏对象的类型

(1)绘画作品

儿童美术教育中,所欣赏的绘画作品依工具材料、题材内容、存在形式等不同分类方法,种类有很多。

依据工具材料划分,儿童美术欣赏的绘画作品主要有国画、油画、水粉画、水彩画、版画等。例如油画作品中可以欣赏《拾穗者》《岩间圣母》《向日葵》《星夜》(图 2-2)等。

依据题材内容划分,儿童美术欣赏的绘画作品主要有人物画、动物画、静物画、风景画等。通常来讲,幼儿对动物画、风景画欣赏非常感兴趣,这样的作品如齐白石、徐悲鸿(图 2-3)、吴作人等人的作品,以及关山月的《江山如此多娇》,霍贝玛的《林建村道》等。

图 2-2　星夜

图 2-3　奔马（徐悲鸿）

依据存在形式划分，儿童美术欣赏的绘画作品主要有年画、连环画、宣传画、插图等。这样的作品主要有《四季平安》《老鼠嫁女》《年年有余》（图 2-4）等。

图 2-4　年年有余

(2)雕塑作品

儿童美术作品欣赏中,雕塑作品的类别主要有根据制作工艺形成的石雕、木雕等。这样的作品主要有《跃马》《马踏匈奴》《说唱陶俑》《马踏飞燕》(图2-5)等。

图2-5 马踏飞燕

(3)工艺美术作品

幼儿可欣赏的工艺美术作品大致可以有。

日常工艺品和陈设工艺品,此种类工艺美术的范围包括灯具、服饰、陶艺、餐具、茶具、玉石工艺、染织工艺等(图2-6)。

图2-6 景泰蓝

(4)建筑艺术

根据建筑形式可以划分为纪念性建筑、宫殿陵墓建筑、住宅建筑、公共建筑、桥梁建筑等几种。作为幼儿欣赏的建筑作品主要考虑建筑物的造型,如赵州桥、故宫(图2-7)、天坛、人民大会堂、悉尼歌剧院、布达拉宫、长城、埃菲尔铁塔、中山陵等。

图2-7 故宫

2. 欣赏知识与技能

①作品的背景知识,如艺术家的生平、创作风格、作品的时代背景等。

②艺术作品的形式分析,如造型、色彩、构图等方面。

③作品主题的分析,如艺术家的意图。

④对作品的联想。

⑤对作品的表达。

(三)幼儿手工教育内容

1. 手工的内容

幼儿手工教育活动是教师引导幼儿使用不同的手工工具和材料(如点状、线状、面状、块状),运用贴、撕、剪、折、塑等手段制作不同形态的物体形象,培养幼儿的审美创造能力和动手能力、美化生活的一种教育活动。

幼儿可学习的手工材料的基本制作技法有串连、粘贴、剪、撕、折、染、盘绕、编织、塑、插接等。

①串连是将点状、面状、块状材料用线状材料和工具从中穿过,连接成串,如用针线将小珠子或纽扣、小纸片等串起做项链。

②粘贴可以是在剪好轮廓的面状材料的反面涂上糨糊或胶水再贴在画纸或底板上,也可以是在画纸或底板上的轮廓内先涂上糨糊或胶水,再撒上点状材料,制作成有浮雕感的画面。

③剪有目测剪、沿轮廓剪和折叠剪三种类型。目测剪是指凭自己的感觉和经验剪出自己需要的图像,基本的有剪直线和剪曲线;沿轮廓剪是指事先画好图像后,再依照轮廓线剪下来;折叠剪是指将纸折成双层或四层等,再剪出一些对称的图像,如窗花等。

④撕也有目测撕、沿轮廓撕和折叠撕三种类型。基本方法同剪。

⑤折是指用面状材料(如纸)折叠成立体物象。幼儿可学习的折有对边折、对角折、双正方折、双三角折、集中一角折、集中一边折、四角向中心折和组合折等基本技能。对边折、对角折是一切折法的基础。

双正方折:将正方形纸对角折成三角形,再反复一次,把两个小三角形分别从中间撑开,折成双正方形,如折"牵牛花"。

双三角折:将正方形纸对角折成三角形,从三角形的底边的中心点,分别前后向三角形的顶点折叠,然后从中间撑开成双三角,如折"宝塔"。

集中一角折:将正方形或长方形纸相邻的两边沿夹角相向对折,如折"孔雀"。

集中一边折:将正方形或长方形纸相邻的两角沿夹边的中心点相向对折,如折"狮子"。

四角向中心折:将正方形纸的四角,对准纸的中心点折叠,如折"衣服"。

组合折:将若干张大小相同或不同的纸,分别折出所需部分,再组装成整体,如折"飞机"。

⑥染是指用生宣等吸水性强的纸进行折叠后,再用水性染料进行染制。幼儿可学习的染制方法有渍染和点染。渍染是指将折好的纸插入染料中让纸自动吸色;点染是指用笔蘸色点在纸的中心部位或细小的地方。

⑦盘绕是指将线状材料按照一定的顺序缠绕成平面图像或立体物象。

⑧编织是指用线状材料按照经纬线交叉的原理编织成平面图像或立体物象。

⑨塑是指用泥、面团等有可塑性的块状材料通过手的活动塑造成立体物象,其基本形体有球体、卵圆体、圆柱体、立方体、长方体、中空体和组合体等,基本技能有搓长、团圆、拍压、捏、挖、分泥、连接、伸拉。

搓长是指将泥放在手心,双手配合前后搓动成型,如塑"油条"。

团圆是指将泥放在手心,双手向相反方向旋转成型,如塑"元宵"。

拍压是指将团圆好的球放在手心,双手手掌用力拍压就成扁平的泥饼,轻轻拍压可成有棱角的立方体,如塑"圆饼干""冰箱"。

捏是指用大拇指和食指配合挤压成型,如"鸭子"。

挖是指将立方体用工具挖去中间部分的泥,再修正成型,如"盒子"。

分泥是指按比例将整块泥分成所需的若干部分,如"船"。

连接是指将所塑物体的各部分用牙签等细棒插入需粘接处,使之支撑成型,如"娃娃"。

伸拉是指从整块泥中,按照物体的结构伸拉出各部分,如"小鸡"。

⑩插接是指用细木棒、细铁丝等辅助材料插入所需连接的部分,或将制作材料本身做成凹凸相当的切合口,使之连接成型。

2. 手工的题材

①玩具,如折纸玩具、泥塑。

②节日装饰物,如拉花、窗花。

③游戏头饰,如帽饰、面具、纸花。

④日常布置用品,如染纸、点、线、面状材料贴画、蔬果造型、瓶盒造型。

⑤贺卡。

以上是我们选择的幼儿美术教育内容的大致范围,教师在选择自己的美术教育内容时,还应注意根据当地的实际情况来进行,因地制宜、因时制宜、因材制宜,有的放矢、实事求是地开展幼儿美术教育活动。

第三章　学龄前儿童美术教育教学的方法与策略

学龄前儿童美术教育教学的方法是教学过程中师生相互作用所采用一系列方法的总称,其目的就是实现美术教育活动目标,同时,正确地使用多种教学媒体、充分发挥各教学媒体的作用也是学龄前儿童美术学习内容的一部分。为此,本章重点探讨学龄前儿童美术教育的途径、方法、教学媒体的运用,以及教师在学龄前儿童美术教育中的地位和作用、美术教育活动中应注意的问题。

第一节　学龄前儿童美术教育的途径

一、集体美术教学活动

集体美术教学活动是教师有目的、有计划、有组织地对幼儿进行美术教学的一种活动形式,可以全班进行,也可以分成若干小组进行。

在进行集体美术教育活动前,教师要分析本班幼儿美术的水平和能力,根据幼儿美术活动的特点,确定本次活动的课题,找出活动的重点和难点,选择适当的方法,设计活动的结构、教学步骤等。

同时,教师要将在活动中所用到的教具和幼儿进行活动所需要的工具、材料等准备好。教师还应当利用其他机会组织幼儿观察欣赏，加深幼儿对活动中将要描述和制作的事物的印象，丰富幼儿有关方面的知识，使幼儿对活动有认识上和情感上的准备。

幼儿园集体教学活动有时间限制，一般来说，小班以15~20分钟为宜，中班以20~25分钟为宜，大班以30分钟为宜。但是，有些美术活动需要的操作时间较长，教师可以根据幼儿的操作兴趣和活动需要适当延长活动时间。

二、区角美术活动

幼儿园的区角美术活动主要包括两种类型，一种是以班级为单位设立的美术区角，另一种是全园共享性的专门的美术活动室。专门的美术活动室也可以看成一个扩大的区角。

（一）班级区角美术活动

区角美术活动是幼儿园常见的日常美术活动形式。一般美术区角可容纳数人，教师可根据本班幼儿的需要和场地的许可来设置，工具和材料可以由教师提供，也可以发动幼儿家长收集。要根据每个阶段美术活动的内容投放工具和材料，一次不要投放得太多，摆放应便于幼儿取放、收拾和管理。

美术区角的创设及相关的活动，为幼儿提供了多种美术活动的材料和不同活动类型的活动空间，在时间上也对幼儿很少限制，幼儿能自主选择自己喜爱的美术活动内容和形式，大胆表达自己的认识和情感，真正创作出自己"心中"的作品。

1. 作品欣赏

在作品欣赏区角中，可以提供成人制作的美术作品、工艺美术品、少儿影视或出版物中的形象、形象美观色彩鲜艳的玩具、雕塑作品，还可以提供儿童美术作品，让幼儿欣赏和感受其形式美和内容美，从而丰富幼儿的美感体验，培养其审美情感和评价能力。

2. 意愿绘画

意愿绘画区角中，可以提供多种绘画工具和材料，如蜡笔、油画棒、水彩笔、彩色粉笔、水粉笔、排笔、毛笔、水粉颜料、各种纸张、各种自制印章（蔬菜印章、玩具印章等）、硬币、树叶、吸管、纸片、窗花、线绳、钢丝网、小牙刷等，让幼儿进行各种绘画活动，感受不同工具材料带来的操作快乐和惊喜。如油画棒的油性，水粉颜料的水性，宣纸的渗透性等。集体美术活动中来不及接触的或接触比较少的工具材料，可以通过美术区角提供给幼儿，如制作滚画、泡泡画、印画、纸版画、吹画、喷洒画等的工具材料。幼儿可以自由选择笔、纸等绘画工具和材料，运用线条、形状、色彩、构图等艺术形式语言创造出可视的、有空间感的艺术形象，促进审美创造能力的发展。

3. 意愿手工

区角中的手工活动主要是使用不同的手工工具和材料，运用贴、撕、剪、折、塑等手段制作不同形态的物体形象，可培养幼儿的审美创造能力和动手能力，学习美化生活。

(二)美术室活动

美术室的设置应根据幼儿园的实际条件而定，一般适用于有较大建筑活动空间的幼儿园。幼儿园可根据幼儿的兴趣和活动需要设置成专门的绘画活动室，将绘画活动室分割成印章区、国画区、水粉画区、版画区等；专门的手工活动室，将手工活动室分割成泥塑区、折纸区、粘贴区、染纸区、剪纸区、玩具制作区等；也可设置成综合美术室，再将其分割成欣赏区、意愿绘画区、意愿手工区等。

美术室应为幼儿配备展示和陈列幼儿作品的柜子和墙面。在美术室的活动中，可以有专门的老师负责指导，统筹安排全园幼儿的美术活动，也可以由带班老师对本班进行美术活动的幼儿进行指导。

(三)区角美术活动的指导与管理

1. 根据幼儿不同发展时期和水平选择材料

小班可以选择物体表面着色,拼贴,用橡皮泥捏成各种形状,利用蔬菜、水果、玩具等进行切切、拼拼、摆摆、印印等的游戏性活动。中班和大班可以有目的地选择一些具有民间特色的手工艺品,以及利用废旧材料加工和制作的立体造型活动,以此来扩大幼儿的生活经验,拓展幼儿的视野,丰富幼儿的知识经验,开发幼儿的创造潜能。

2. 及时组织幼儿交流感受

区角及美术室的活动不是放任自流的,从环境的设置、材料的提供,到幼儿的活动及活动后的交流,都在教师的计划之内。在活动后的交流中,幼儿互相介绍自己的活动过程及作品,互相欣赏,互相学习,让幼儿教幼儿。教师对幼儿的作品不做直接的定性评价,而是与幼儿交流,在交流中进行鼓励和建议,只要幼儿能把自己作品的意思说出来,就要给予肯定,对于有创意的想法更应鼓励。有些情况要特别关注:一是幼儿口语表达能力差,描述得不好或不会描述;二是有自己独特的想法,表现的作品和别的幼儿不一样。教师在交流中要多了解幼儿,善于观察、分析幼儿的各种情况,让他们都有表达和交流的机会。

3. 因势利导进行技能点拨

在活动中,有的幼儿因为技能方面的问题或新工具使用方法的问题,在操作中手忙脚乱;有的因为预知图式模糊,影响了图像的再现,在操作中无从下手。对于那些经过尝试、探索仍然不清楚的问题,或是大多数幼儿易出现的错误,教师应及时地给予适当的帮助、点拨或示范。不然会导致幼儿盲目摸索,走弯路,既浪费时间,又体会不到成功的快乐,失去参与活动的兴趣和信心。

三、环境创设中的美术活动

(一) 幼儿园环境创设中的美术活动

幼儿园环境创设是幼儿美术活动与美化环境有机结合的日常美术活动,幼儿在参与环境布置的过程中,体验到参与的乐趣和成功的快乐,会更加精心爱护和珍惜自己的作品,更有利于培养幼儿的主人公意识。

在幼儿园环境创设中,幼儿可以参与墙饰的制作,活动区角、门厅和走廊的布置,户外环境的绿化等。在幼儿参与的环境创设美术活动中,教师要消除"幼儿作品粗糙、幼稚、不精致、不美观"的观念,以及认为幼儿参与环境创设是"帮倒忙"的想法,而应该鼓励幼儿发挥自主性和创造性,美化自己的生活和游戏环境。

在环境创设中,一般可以结合本阶段的主题活动,组织幼儿创作相应的美术作品进行环境装饰。也可以用幼儿在集体美术教育活动中产生的作品进行合理有序的环境布置。

(二) 节日环境创设中的美术活动

结合节日的到来,进行节日的环境布置,是幼儿的美术能力和美术情趣得到充分展示和发展的极好机会。在节日环境创设中,幼儿在教师的引导下,积极动手动脑,主动收集材料,自己制作演出的服装、道具;互相化妆,做好演出前的准备工作;装饰和美化班级的节日环境;等等。在整个节日及节日的前后,幼儿始终沉浸在欢乐之中,体验着自己的美术能力得到发挥后的乐趣,使幼儿园的节日活动真正成为幼儿自己的活动,幼儿园的环境真正成为幼儿自己的天地。

四、美术活动与其他领域活动的渗透

(一)美术活动与健康活动的渗透

首先,健康活动是幼儿美术创作的源泉,幼儿的生活离不开健康活动,在幼儿的绘画作品中,幼儿滑滑梯、拍皮球、跳绳、跑步、做操等健康活动的情景无处不在,组成了一幅幅生动活泼的画面。幼儿用自己的绘画语言描绘出对健康活动的认识,表达出对健康活动的喜爱。其次,美术活动丰富了幼儿健康活动的内容。在手工活动中,幼儿运用折纸和制作的技能,折叠和制作出的风车、哑铃、飞机等,都可以用于幼儿游戏。幼儿利用这些作品玩耍、奔跑,不但进行了身体运动,同时也释放了快乐的情感。

(二)美术活动与科学活动的渗透

幼儿科学活动是一种对客观事物和现象的探索和认识活动,美术活动则是一种对客观事物和现象的感知和表现活动。在美术活动中,幼儿选择物体的固有色描绘祖国的山川河流,描绘大自然的花草树木,描绘身边的花鸟鱼虫,用绘画的方式表现对大自然的认识和情感。此外,幼儿还综合运用画、捏、折、粘、穿、编等美术技能,制作各种工艺品和科学游戏玩具。例如:利用身边各种蔬菜水果进行艺术造型;制作降落伞后将降落伞从高处往下降,体验自由落体的变化;制作风车后举着风车迎风奔跑,感知风车的转动速度与奔跑速度的关系;制作电话后尝试两个人之间用电话通话时的感觉;等等。这些活动中都渗透着对事物和现象的感知和认识,两种活动是相辅相成的,共同促进幼儿身心和谐发展。

(三)美术活动与语言文学活动的渗透

不同主题、不同色彩的美术作品是发展幼儿语言的极好题材,幼儿可以在五彩缤纷的美术天地里,凭借自己的经验、理解和想象进行讲述。在幼儿园文学活动中,有许多优美的、朗朗上口的、符合幼儿年龄特点的、深受幼儿喜爱的故事和儿歌,这本身就是对幼儿的美的熏陶,它很容易让幼儿产生联想和创作的欲望。教师可以结合这些直观的描述,引导幼儿进行画面、色彩的联想,感受文学作品中表达的内容。这是一种多角度的启发联想,它既不强行指令幼儿"画什么""做什么",也不"越俎代庖",教幼儿"怎么画""怎么做",而是为幼儿提供美术活动的工具材料,让幼儿尝试着把文学作品中的角色、背景、情节,用美术的形式表达出来。当幼儿信心十足地操作起来的时候,教师可以退居到观赏者的地位。教师的主导作用和幼儿的主体位置,应该在这样的过程中得到体现。幼儿在学习了"三只蝴蝶""八仙过海""孙悟空三打白骨精"等故事后,就会用手中的画笔将这些故事的主要人物和情节表现出来。有的幼儿甚至会在画中表现出对故事人物和情节的情感,如将三只蝴蝶画成拟人化的,三朵花也是拟人化的。有的幼儿为了突出孙悟空的强大和威力,会将金箍棒画得特别粗大。这些活动丰富和强化了幼儿对文学作品的认识和理解,反过来也促进了其审美表现力的发展。

(四)美术活动与社会、游戏活动的渗透

引导幼儿联想,用线条、色彩组合画面,用不同材料进行建构,表现各自对美好生活的向往,对未来世界的遐想,是对幼儿进行社会教育的好时机。在商店游戏中,幼儿自己制作的家具、器皿、家用电器、服装、鞋帽、工艺美术品等作品,被当成了商品;在银行游戏中,幼儿用自制的不同面值的钱币进行业务交往;在菜场游戏中,有幼儿自制的各种蔬菜和水果;在影楼游戏中,幼儿用自己画的人物代替摄影师的照片;在书报亭里,摆放着幼儿自制的连环画和报纸……这一切不仅深化了游戏的主题,而且增添了游戏的趣味性。

(五)美术活动与数学活动的渗透

在幼儿园数学活动中,教师可以尝试将数学的元素融入美术活动之中,使两者交融在一起,相辅相成,起到锦上添花的作用。如美术造型活动和数学中几何图形的融合:用美丽的色彩描画出圆形、正方形、长方形等各种不同形状的饼干,用圆形、三角形、正方形等组合成美丽的热带鱼等。慢慢地幼儿就会发现,美术的造型活动与数学的几何图形有着不可分割的联系。又如将美术活动与数概念相融合:让幼儿画出自己身上的1个鼻子、1张嘴巴、2只眼睛、3个口袋、4粒纽扣、5朵花、许多头发……

(六)美术活动与音乐活动的渗透

音乐活动和美术活动都包含情感艺术活动、造型艺术活动。音乐中的舞蹈用身体造型,美术中的绘画、剪纸用线条造型,泥工用橡皮泥和面团造型。让幼儿用美术作品表达对音乐作品的理解,可使幼儿天真烂漫的想象得到无拘无束的发展,如在手工活动中,幼儿用橡皮泥塑捏、用铅丝编制出各种舞蹈动作。幼儿欣赏了音乐《狮子王》后,用大狮子和小动物、大狮子敲鼓等画面表达自己对音乐的理解和感受。幼儿欣赏了《波尔卡圆舞曲》后,用圆圈和波浪线、花朵和树枝等画面表达自己对音乐的理解和感受。

五、亲子美术活动

亲子美术活动是指家长根据幼儿园美术教育的要求或幼儿在家庭中美术活动的需要,亲身参与幼儿美术活动,并对幼儿的美术活动给予必要的支持。亲子美术活动是幼儿园美术活动的形式之一,也是受到幼儿和家长喜爱的一种美术活动。亲子美术活动可以通过以下几种形式展开。

(一)通过课堂家教等多种渠道,引导家长走进幼儿美术世界

通过家长会、专题讲座、宣传橱窗、咨询活动等,向幼儿家长宣传幼儿美术教育的目标及指导思想,及时扭转家长中普遍存在的幼儿美术教育的误区,帮助家长了解各年龄阶段幼儿美术活动的特点,学习和掌握一些幼儿美术活动的指导方法,逐渐走进幼儿的美术世界。

(二)开展双休日亲子美术活动,引导家长走进幼儿内心世界

家长是幼儿的第一任老师,家长和幼儿园达成幼儿美术教育的共识,才能正常有序地开展双休日亲子美术活动。活动前教师可与家长共同策划活动方案,请家长一起准备活动材料,帮助完成一些活动前的观察欣赏要求。在活动中引导家长、幼儿与材料积极互动,让家长亲眼看到幼儿是怎样通过美术手段反映他们的兴趣和努力、认识和情感、想象和创造的,感受幼儿表现内心活动所特有的方式,真正走进幼儿五彩缤纷的内心世界。

(三)开展亲子创意活动,鼓励家长参与幼儿美术活动

幼儿美术活动贵在创造。生活中许多在家长眼里看起来是废弃的东西,往往是幼儿最珍贵的创作源泉,如碎纸屑、空瓶子、糖果纸、小石头、小棍子、小盒子等,能在幼儿的"精心包装"下,变成他们认为有趣又好玩的玩具。亲子创意活动就是让家长了解幼儿的这一特性,并和幼儿共同选择家中废弃的物品,共同设计、合作制作出美术作品,并在幼儿园进行展示,让其他家长和幼儿分享。亲子创意活动在锻炼幼儿审美创造能力的同时,增进了亲子间的美好情感。例如,在春节放假前请家长协助收集废旧材料或自然材料,开学之初,幼儿和家长一起,根据生活经验以及自己收集材料,共同制作一盏"创意元宵花灯"。

(四)举办幼儿家庭美展,丰富幼儿参与美术活动的形式

鼓励家长在家庭中为幼儿创设一个良好的创作环境,在布置

幼儿用房时考虑幼儿的年龄特点,在家具用品的选择上注意造型美观、色彩搭配合理。最好开辟美术活动的场地,根据幼儿的年龄和兴趣选择性地设置"绘画区""手工区""欣赏区"等,时机成熟时为幼儿举办"家庭美术展览",邀请亲朋好友及小伙伴前来参观,并请幼儿进行解说,增进幼儿审美表现和审美评价能力。如在客厅或幼儿的房间拉上一根绳子,夹上几个彩色塑料夹子,将幼儿在家里的绘画作品夹在上面,并和幼儿共同欣赏和评价。

第二节 学龄前儿童美术教育的方法

一、讲解示范法

(一)什么是讲解示范法

讲解示范法是实际示范操作与语言解释有机结合,把操作的过程和方法展示出来。这种方法对幼儿掌握美术活动的技能技巧具有十分重要的意义。特别要指出的是,一般情况下,讲解示范不是示范全部操作过程,而只是对基本的技能和工具材料的使用方法进行示范,如幼儿学习使用蜡笔时对握笔方法的学习,在泥塑活动中对团圆、搓长等的技能的学习。教师的示范能帮助幼儿较快掌握基本技能和方法,便于幼儿的美术表达与创造。讲解和示范要有机结合,通过视觉和听觉两种途径获得的信息能使幼儿更好地把握物象的特征、结构以及工具材料的使用方法。

(二)运用讲解示范法的注意点

1. 讲解法的要求

此时的讲解是为示范或范例服务的,一般应结合示范或范例进行,讲解语言要精练、生动而富有启发性。因此,教师在讲解时一般会伴有熟练、清楚而恰到好处的示范,既能引导幼儿掌握操作方法,抓住所表现物体的基本部分和主要特征,又能启发幼儿积极进行形象思维和扩大形象之间的联想。

2. 讲解示范法的要求

教师示范的动作应该连贯、到位、速度较慢,让幼儿能看得清楚。教师可以面对全班或者小组进行示范,也可以对个别幼儿进行示范,教师要根据幼儿对基本技能的掌握情况和对工具材料的使用情况来确定示范的范围。教师的示范可以是局部,也可以是全过程。例如,学习用蜡笔表现颜色的渐变,教师如果不示范,幼儿经常会出现两种颜色连接不自然,看不出渐变效果的现象。通过教师的示范,幼儿学会了表现出颜色渐变的步骤,先朝一个方向涂一种颜色,然后在该颜色中加入另外一种颜色,这样一来幼儿就看到两种颜色很自然地连接在一起了。

二、游戏练习法

(一)什么是游戏练习法

游戏练习法是指在娱乐和玩耍中进行美术活动,使幼儿在自然、轻松、愉快的情绪中饶有兴致地反复学习和操作,在获得情感体验的同时获取知识技能。

(二)运用游戏练习法的注意点

美术活动中的游戏练习与纯粹的游戏是不同的。纯粹的游戏无外在目的,游戏的目的在于游戏的本身。美术活动中的游戏是实现美术活动目标的手段,其本质是教育活动,是教学活动游戏化,是谋求美术教育活动的过程具有游戏般的性质和趣味,追求游戏的境界,淡化目的,强化手段,重过程,轻结果,寓学于乐,让幼儿感到其中有许多奥秘和乐趣,激发他们的好奇心。

三、启发探索法

(一)什么是启发探索法

启发探索法是教师在活动中依靠幼儿已有的知识经验,启发幼儿去探索并获得新的知识和操作经验的方法。这是幼儿在教师指导下进行创造性美术活动的重要方法。启发探索法最大的优点是激发幼儿操作的主动性,独立探索并获得成功体验。

对幼儿来说,他们所面对的大多是经过人类长期积淀和锤炼的间接经验,让幼儿较快地获得这些知识和技能,沿着一条"简洁、通畅的道路",重复练习前人所做的工作,无疑是一条高效提高知识技能的途径。但是,在这个过程中,有意识地创设一些对幼儿来说需要开辟新路才能消除困惑的问题情境,让幼儿针对这些问题去发现、去讨论、去解决,这对于提高幼儿的创新能力是十分有益的。美术活动的探索本身比成功或失败更为重要,在活动中,幼儿欣赏与创造相结合,体验与制作相联系,探索成了幼儿全身心活动的一部分,他们的感知、思维、情绪、身体处于协调统一的状态,主动地进行着各种尝试。例如,在幼儿泥工活动中,幼儿掌握了团圆、搓长、压扁、捏的基本技能后,教师可以引导幼儿综合运用这些技能,结合各自的生活经验和认知水平,自己探索出各种物品的塑捏方法。当幼儿用团圆和搓长的技能塑出胡萝卜的造型后,教师可以引导幼儿观察分析胡萝卜和鸭子之间的关系,探索出利用胡萝卜改捏鸭子的方法:粗的一头可塑成鸭子身体,细的一头塑成脖子,脖子前端捏出嘴巴,身体后面捏出尾巴。之后,再引导幼儿根据鸭子脖子的可变性,自己探索出唱歌的鸭子、喝水的鸭子、理羽毛的鸭子、回头打招呼的鸭子等。

(二)运用启发探索法的注意点

1. 创设"待解决问题"的情境

美术活动中"待解决问题"的情境创设,一要注意培养幼儿的问题意识,引导幼儿不断地发现问题,提出问题。二是鼓励幼儿面对问题前进,探索解决问题的方法和路子,让幼儿在探索过程中受到创新思维方法的启迪,从而增进创新技能。

在美术活动问题情景的探索中,幼儿往往只注意表现事物的明显特征,或自己感兴趣的部分,教师可通过观察欣赏、讨论提问、角落延伸等,让幼儿自己发现问题,找到解决问题的办法,实现自己的设想。在探索行为发展过程中,幼儿在心理上经历了这样一个过程:兴趣的激活—产生探索愿望—自我探索—产生积极愉快情绪—焕发出积极的探索行为—产生更多的情绪体验。这是一个循环往复的过程,在每一次往复过程中,幼儿的探索精神都将得到进一步强化。例如,在捏鸭子的探索过程中,首先由于泥的可塑性激发了幼儿探索的愿望。幼儿掌握了泥塑的基本方法后,为幼儿探索各种鸭子的塑捏方法提供了可能性。当幼儿通过自己的努力捏出神态各异的鸭子后,他们为自己的成功感到兴奋,产生出进一步探索的愿望,这种愿望可以在美术泥工区的延伸活动中得到满足和发展,他们在进一步探索中发现,只要在鸭子的头上捏出一个小小的疙瘩,鸭子就变成了鹅。迁移前面的经验,幼儿会捏出各种神态的鹅。这种良性探索活动又强化了幼儿进行下一步新的探索的愿望和行为。

2. 给予幼儿充足的探索时间

允许幼儿根据他们的速度探索解决问题的方法,当幼儿能按照自己的内部需要发展的速度和节奏来进行美术活动时,他们就能够长时间集中注意,能尽最大努力进行活动而不感到厌倦,并在活动中表现出创新的智慧。同时,同伴之间相互想办法解决问题,与同伴产生相互合作关系,幼儿思维的灵活性、变通性、创新性也得到了发展。

3. 探索与操作紧密相连

探索活动是在幼儿的具体操作中进行的,美术活动中的操作更能引导幼儿积极地探索,所以,探索与操作是不可分割的两部分。探索操作法适用于各个年龄班,并贯穿于美术活动的全过程。

4. 启发探索法的发问技巧

在启发探索法的运用中,"发问的技巧"具有重要的地位。教师善于引导,善于提问,是启发探索法的关键。提问要问到点子上才能使所提的问题起到引导探索方向的作用。教师提问的角度是多样的,例如,假设提问:"假如请你当设计师你会设计出什么样的雨具?"比较式提问:"小鸡和小鸭什么地方是一样的,什么地方不一样?"替代式提问:"如果没有蜡笔、油画棒,那么怎么办?"想象式提问:"你想画的未来飞船是什么样的?"等等。教师的提问设计应根据幼儿的活动目标、要求、内容及活动状态设定。

启发探索的策略很多,重要的是教师的观念和发问的技巧,以及随时、随地、随机的启发。在问完开放性的问题以后,要让幼儿有思考和想象的时间,然后鼓励幼儿用不同的方式操作表现,教师要接纳幼儿的合理意见,尊重幼儿的创意态度。

四、观察欣赏法

(一)什么是观察欣赏法

观察欣赏法是在教师的引导下,幼儿有意识、有目的地感知、欣赏周围生活、美术作品和大自然中的美的人、物、事,并用头脑进行思考和比较的方法。利用观察欣赏法引导幼儿观察欣赏物象的形状、颜色、结构等主要特征以及该事物与相关事物之间的关系，了解对称美、均衡美，感受其形式美和内容美，从而丰富幼儿的审美体验，培养幼儿的审美情感和评价能力。例如：观察欣赏春天的柳树时，不仅引导幼儿观察柳树由树干、树枝和树叶三个部分组成，而且要引导幼儿用从局部到整体，再从整体到局部的观察方法，观察欣赏柳树的整体及各部分的形状、颜色、结构以及树干、树枝和树叶三部分之间的关系（如何相互生长、相互依偎的），欣赏柳枝在风中飘荡的优美姿态，分析结构和姿态之间的关系。

在幼儿美术活动中，美术欣赏和美术观察是分不开的。幼儿的欣赏相对成人来说，处于浅表层次，有更多的直观因素参与其中。因此，幼儿首先要充分运用视觉器官，合理利用听觉、嗅觉、触觉等帮助自己掌握所要表现的物象，认识各种物象之间的关系，然后才能将自己所获得的资料与以往的经验结合起来进行理解，才能在下一步的操作中融入自己的想象。这一时期最显著的表现是幼儿的认识和情感的渗透和交互。

从欣赏的角度去观察，要求教师选择的观察对象是具有美感的。在活动室、草地、花园，从不同角度观察和欣赏自然万物中不同物象。芬芳的花草、有趣的玩具、耸立的高楼、变幻的天空、奔腾的河流吸引着幼儿去观察、去欣赏、去感受。

美术活动的观察欣赏不是无意识的，通过观察欣赏，应使幼儿自然而然地在大脑中印下美的图式，实现对美的事物的认识、评价和判断。因此观察欣赏不应仅停留在美术活动前，而且应该渗透在整个美术活动的过程中，包括引导幼儿对范例的认识，对演示的理解，对作品的评价等。

(二) 运用观察欣赏法的注意点

1. 要培养幼儿观察欣赏的兴趣，养成观察欣赏的习惯

教师应提出观察欣赏的要求，逐渐让幼儿产生观察欣赏的任

务意识,注意到周围生活和自然界的一些值得他们留意的地方,让幼儿对司空见惯的物象有新的发现、新的感受、新的理解,从而产生创作的愿望。

2. 观察欣赏过程中巧妙提问

教师巧妙地提问,可以使幼儿将旧的知识与新的经验加以融合,在大脑中产生新的图式。可以提示幼儿观察的重点和进程,帮助幼儿去发现和欣赏美。如在欣赏各种各样的身高尺时,教师可以提问:"这个身高尺的什么地方被拉长了、夸张了?在我们的生活中有哪些东西是长长的,可以设计成身高尺?"通过这样的提问,可以帮助幼儿发现身高尺的奥秘,感受设计师设计的巧妙之处。迁移已有经验并将已有经验和新经验进行碰撞,为自己后来的创作奠定基础。

3. 注意观察欣赏顺序

一定要有规律可循,要有重点、有系统,由简到繁,由易到难,由整体到局部或由局部到整体,从观察欣赏静止的物象到运动变化的物象等。同时对观察对象的形的特点、色的特点和运动变化的特点加以重点观察和欣赏。如引导幼儿观察欣赏秋天的梧桐,第一步引导幼儿观察梧桐由哪几个部分组成(树干、树枝、树叶)。第二步引导幼儿观察树干、树枝、树叶的形状。在这一步中,教师特别要引导幼儿仔细观察欣赏像手掌般的树叶的形状以及树叶上的脉络走向。第三步引导幼儿仔细观察树干、树枝、树叶的颜色。在这一步中。教师重点要引导幼儿仔细观察欣赏秋天树叶的颜色变化,感受秋风给树叶带来的美丽的色彩变化。第四步是最难的,在这一步中,教师要引导幼儿仔细观察树干、树枝、树叶之间的相互关系,树枝是怎样从树干上长出来的,树叶又是怎样从树枝上长出来的,还要学会从美术的角度去比较它们谁长谁短,谁粗谁细,谁疏谁密。特别要引导幼儿仔细欣赏树枝是如何依靠着树干,怀抱繁密的树叶,形成一棵棵美丽的梧桐树的。

五、观察比较法

观察比较法是教师引导儿童观察、评价不同作品的教学方法。进行美术作品欣赏时，可以就同一主题的不同表现手法、同一画家不同的绘画作品、画家不同时期的作品等让儿童仔细观察，认真比较，找出差异。如：同样是画马，徐悲鸿的水墨画《奔马》和马克的油画《蓝马》，在造型、构图、表现手法等方面截然相反，给人以不同的视觉感受，运用观察比较法，引导儿童在比较中找出答案，并让儿童自己去理解、去体会，提高其审美能力。

第三节　学龄前儿童美术教育活动的组织与实施

一、学龄前儿童美术教育活动组织与实施原则

(一)审美性原则

审美性原则是指教师在学龄前儿童美术教学中，无论是活动目标的制定、活动内容的选择，还是活动的实施都应注意审美性，即活动目标应以学龄前儿童审美心理结构的建构为主，活动的内容应有潜在的审美价值，在活动实施中应注意审美环境的创设，审美特征的感知、理解与创造，审美情感的陶冶等。审美性原则是由美术的性质、学龄前儿童美术教学的性质决定的。

(二)实践性原则

实践性原则是指在学龄前美术教学中，教师要引导学龄前儿童积极参与美术实践，在实践中发展和培养他们的美术能力和兴趣。贯彻实践性原则要注意两点：第一，引导学龄前儿童运用多

种感官通道进行美术活动。第二,注意避免单纯的技能、技巧训练或单纯的思想内容说教两个极端倾向。

(三)愉悦性原则

愉悦性原则是指美术活动的目标、内容及实施过程都要考虑到学龄前儿童的兴趣,让学龄前儿童体会到活动的快乐。兴趣是一个人活动的动力源泉,对学龄前儿童尤其如此。学龄前儿童的美术活动,首先是由他们对美术的学习兴趣所支配的,有了兴趣,才有参加美术活动的愿望,在活动中体验快乐,才能够较长时间认真地观察、动脑、绘画和塑造。教师必须运用愉悦性原则,使美术活动的题材内容和教学方法具有趣味性、游戏性,多选择那些学龄前儿童既熟悉又喜爱的、生动有趣的事物,利用竞赛、举办"小艺术家展"等形式,激发学龄前儿童参与的热情,使美术活动成为一种有吸引力的活动。

(四)个性化原则

个性化原则是指教师在进行美术教学活动时要考虑到学龄前儿童长远可持续的发展,尊重学龄前儿童间的个体差异,根据学龄前儿童各自的能力水平,确定每个学龄前儿童某一方面的最近发展区,使教学尽量满足每个学龄前儿童的成长需要。作为教师不能单纯为了追求学龄前儿童美术活动的结果,而忽视学龄前儿童进行活动的过程和体验;不能用单一的要求与评价模式要求所有的学龄前儿童,而应让每个学龄前儿童在原先的基础上得到新的发展;时刻谨记对学龄前儿童进行美术教育活动并不是为了培养艺术家,美术活动的最终目的是学龄前儿童艺术修养的提高,是学龄前儿童人格的完善和和谐发展。个性化原则要求教师必须掌握学龄前儿童发展及可接受的程度,寻找那些最接近学龄前儿童、最使其感兴趣的事物,由简到繁地向他们提出合适的、又具有挑战性的问题,使学龄前儿童的智力和技能得到应有的发展。

二、学龄前儿童美术教育课程与资源

(一)美术课程资源的分类

美术课程资源是完成美术教学、实施美术课程的物质和信息基础,任何美术课程都必须有课程资源作为保障。因此,所有的美术教师都应该关注课程资源的问题,尽可能地开发与利用美术课程资源。要达到这一目的,还必须了解课程资源的一些基本知识和分类方法。

1. 根据课程资源的功能特点划分

根据课程资源的功能特点,可将课程资源分为素材性资源和条件性资源。

素材性资源的特点是作用于课程,并且能够成为课程的素材或来源。比如知识、技能、经验、活动方式与方法、情感态度和价值观以及培养目标等方面的因素,就属于素材性课程资源。

条件性资源的特点则是作用于课程却并不是形成课程本身的直接来源,但它在很大程度上决定着课程的实施范围和水平。比如,直接决定课程实施范围和水平的人力、物力和财力,时间、场地、媒介、设备、设施和环境,以及对于课程的认识状况等因素,就属于条件性课程资源。

素材性资源决定着教学的可能性,条件性资源影响着教学的水平和范围。素材性资源和条件性资源的划分并非绝对的,有的资源可能既是素材性资源,也是条件性资源,图书馆和博物馆就是如此,它们一方面是课程的直接来源,另一方面又在很大程度上决定着课程的实施范围和水平。

2. 根据课程资源的空间分布划分标准一

根据课程资源的空间分布,还可以分成校内课程资源和校外课程资源。

凡是学校范围之内的课程资源,就是校内课程资源;超出学校范围的课程资源就是校外课程资源。校内外课程资源对于课程实施都是非常重要的,但它们在性质上还是有所区别的。就利用的经常性和便捷性来讲,校内课程资源的开发和利用应该占据主要地位,校外课程资源则更多地起到一种辅助作用。

3. 根据课程资源的空间分布划分标准二

还有一种分类是除承认校内外课程资源之外,将在空间上既不便分到校内,也不便分到校外的网络化资源加以单独划分。

校内资源指的是在本校范围内存在或为本校所属的资源,主要包括本校教师、学生、实验室、专用教室、动植物和矿物标本、教学挂图和模型、幻灯片、各类影音光碟、电脑软件、教科书、参考书、练习册和图书资料等。校外资源主要指存在于社会的各种公共资源,如家长、校外学者和专家、图书馆、博物馆、展览馆、科技馆、少年宫、大学、研究机构、有关政府部门、学术团体、社区组织、工厂、农村、商场、企业、科技活动中心、电视、广播、报纸杂志等广泛的社会资源及丰富的自然资源;网络化资源主要指以网络技术承载和传播的具有多媒体特性和交互特性的自主开发或运用的各种信息资源。

4. 根据资源的有形与无形特点划分

根据资源的有形与无形特点,可将课程资源直截了当地分为有形资源和无形资源。有形资源包括各种有形的物质资源,如教材、教具、仪器设备;无形资源可以包括学生已有的知识和经验、家长的支持态度和能力等。

5. 根据课程资源与人的关系划分

按照课程资源与人的关系,将其分为生命载体和非生命载体两类。课程资源的非生命载体和生命载体的区别在于前者只是一种静态的载体,本身并没有"充值"的能力,而后者不仅是非生命载体的运用者,能够给非生命载体"充值",而且具有主观能动性和自我学习的能力,能够不断地自我"充值"。

(二)课程资源的开发与利用

美术课程资源的开发与利用不仅是开展基本的美术教学活动的保障,也是提升美术教学的水准和扩大美术教学范围的需要。因此,美术教师应该关注这一问题,将其纳入美术教学活动的基本思考和行为的范围。在美术课程资源的开发与利用的过程中,应重点把握以下几点要求。

①视野开阔,不拘一格。这样可以扩展我们的思维空间,以一种"物尽其用,人尽其才"的态度将可用的一切当作美术课程资源,使美术教学建立在广阔的课程资源背景中。

②注重优先,突出重点。尽管我们主张用一种开放的态度开发与利用美术课程资源,但在具体的教学时必须根据时间、对象、条件有所选择,突出重点,优先运用符合教学目的的课程资源。

③强调适用,避免花哨。从更具体的意义看,课程资源不能仅仅在一种普遍的意义上认识,更应该结合具体的教学对象来看待,因此必须考虑课程资源对特定对象——不同年级、条件的学生的适应性,有针对性地开发和利用课程资源。离开了特定的对象、没有适应性,课程资源的开发与利用就变得盲目和毫无意义。

三、学龄前儿童美术教育活动评价

(一)学龄前儿童美术教育活动评价的功能

教学评价是现代教学系统的重要组成部分,没有评价就无法客观、公正地判断教学目标是否完成,就不能有目的地改进教学和提高教学质量。为此,教学评价已成为世界教育研究的三大领域(教育基础理论、教育的发展和教育评价)之一。所以,建立并运用科学的、可操作的教学评价机制对美术教学活动进行调控,是提高美术教学质量的必要条件。教学评价是指基于所获得的信息对教学过程及其效果的价值做出客观、科学的评判。

学龄前儿童美术教学的评价是一种整体的评价,不仅包括对学龄前儿童美术学习结果和儿童美术发展状况的评价,还包括对美术教育活动中教师的活动设计、活动组织、活动指导和活动效果的评估。《幼儿园教育指导纲要(试行)》中指出,通过"了解幼儿的发展需要,以便提供更加适宜的帮助和指导","全面了解幼儿的发展状况,防止片面性,尤其要避免只重知识技能的掌握,忽略情感、社会性和实际能力的倾向"。根据评价的结果,教师可以总结出学龄前儿童美术发展的规律和一般特征,为今后设计学龄前美术教育活动提供依据。

1. 学龄前儿童美术教学活动评价对教师教学的作用

①让教师更加清楚地了解教学方案与学龄前儿童的美术发展水平。
②展示教学的进展情况,为教师提供反馈信息。
③对教学是否达到了教育方案的目标进行检验。
④改善教学,让教师更多地自我反思。
⑤为幼儿园的教学管理提供依据。
⑥为课程、教材、教具、教学方法和教学技术的开发研究提供依据。

2. 学龄前儿童美术教学活动评价对学龄前儿童学习的作用

①让学龄前儿童对自己的美术作品及创作过程进行检验。
②激发学龄前儿童学习美术的积极性。
③帮助学龄前儿童更好地理解美术作业内容。
④增强学龄前儿童的自信心与自尊心。
⑤增加学龄前儿童对评分的理解。

(二)学龄前儿童美术教育活动评价原则

1. 客观性原则

学龄前儿童美术教学评价的客观性原则,是指必须把握美术教育和美术教育评价的客观规律,实事求是,以客观事实为依据,从客观实际出发获取真实信息,依据科学的标准,对美术教育活动的过程和结果进行分析判断。贯彻美术教学评价的客观性原则,要求评价者确定的评价指标必须符合评价的目的要求,反映被评对象的本质特征;评价标准要合理,评价者要正确理解和把握评价标准,克服主观随意性和感情因素的影响;评价方法的选择要与评价内容的性质相适应,多种方法相结合。这样,才能使评价信息的搜集更为全面准确,评价结论更可靠。

2. 激励性原则

学龄前儿童美术教学评价的激励性原则,是指评价应促使被评对象形成继续努力或在进一步的活动中克服不足之处,增强提高活动效果的动机或期望。这是由美术教育评价要激励评价对象前进、促进其发展的目的所决定的。贯彻学龄前儿童美术教育评价的激励性原则,首先要使美术教育评价过程及其结果客观、公正、准确;其次,制定学龄前儿童美术教育评价目标和具体标准时要从评价对象的实际出发,充分考虑评价对象的客观环境和条件,不要过高或过低;最后,要求评价的实施者注意评价对象个体的心理状态,了解并尊重评价对象的意见,及时反馈评价结果,以激发评价对象在进一步的活动和教育过程中保持优势、克服不足之处的动机和行为。

3. 实效性原则

学龄前儿童美术教育评价的实效性原则,是指评价要有实际作用,即要有指导美术教育实际、改进工作的效用。学龄前儿童美术教育评价活动,如果不能帮助被评对象找出工作或学习中的问题,并对其改进提出有价值的帮助,那么这种评价就不具有现实意义。

(三)学龄前儿童美术教育活动评价的方法

1. 静态评价和动态评价相结合

(1)静态评价

静态评价是指是对幼儿已经达到的美术水平和技能表现进行评价,只评价在特定的时间和空间的现实状态,以此来说明幼儿美术活动的实际发展能力和水平,一般在评价幼儿美术作品时用得较多。例如,幼儿在绘画中选择色彩和运用色彩能力的评价,幼儿使用剪刀能力的评价等。这种评价有助于评价者进行横向比较,便于了解评价对象是否达到某个标准。

(2)动态评价

动态评价是指对幼儿在美术活动中的个人表现和发展状态的评价。评价时一定要考虑到幼儿美术发展的潜力和趋势,重在纵向比较,以便于分析幼儿的变化过程,从而发现幼儿美术活动的特点和规律。

动态评价要评价幼儿在操作和创作过程中与材料互动的表现,是在真实的美术活动情景中进行的,其特点是将评价与美术活动联系在一起。由此可见,动态评价是关注幼儿能够做到的,及其借助于教师或范例的启发引导、图式经验、已有的美术技能技巧所能实现的潜在的美术能力的释放。

动态评价应在幼儿兴致高、注意力集中的状态下进行,这样,不仅能达到评价的目的,还可以发现幼儿的最近发展区,为幼儿提供多种暗示与支援。

动态评价是一个持续的过程。它不同于静态评价中使用的标准化的个人测验所得到的信息,如画面是否干净,涂色是否均匀,构图是否合理,造型是否美观等,因为这种信息只能反映幼儿过去学到的和能够独立表现的部分,是已经"掌握"了的技能,是已经"成熟"了的能力。而动态评价更能提供给教师关于幼儿发展的真实信息,它所反映的是幼儿正在"萌发的"和"成熟中"的智慧和能力,幼儿能告诉老师,他正在想什么,干什么,以及他还想干什么,而这些正是教师实施美术教育的依据。

2. 整体评价和分散评价相结合

(1)整体评价

所谓整体评价是指在美术活动结束前,将幼儿的美术作品展示出来,通过幼儿自评、幼儿互评、教师评价的方式,对幼儿美术活动的过程和作品的各个方面进行整体评价。也可以在合适的时候,将幼儿一个阶段的美术作品做成展览,在教师的引导下,幼儿和家长一起参与评价。在合适的时机组织整体评价是幼儿喜欢的一种学习方式,从中他们可以展示自己的作品,表达交流自己的想法,和同伴共享成功的喜悦。与此同时,教师还能帮助幼儿提升相关经验,提供与之相适宜的教育,促进幼儿发展。

在整体评价中,教师可以鼓励先完成作品的幼儿互相介绍自己作品的构思与创作意图,以及在完成作品过程中克服的困难,找出别人创作过程和作品中值得学习的地方,进行整体评价,然后再请后完成作品的幼儿进行整体评价。也可以先请先考虑好的幼儿进行整体评价,让其他没有考虑好的幼儿在别人的评价中得到启发,然后再进行评价。

(2)分散评价

所谓分散评价是指将幼儿的美术作品展示出来,通过幼儿自评、幼儿互评、教师评价的方式,对幼儿美术活动的过程和作品的某个方面进行评价。利用分散的时间,采用不同的方式进行评价。

①设立奖项评价法。有的幼儿作品精致完整,有的幼儿作品形象丰富,每个幼儿的作品都有其闪光点,教师可以设多个奖项,让每个幼儿都能得到一个奖项。如色彩优美奖、布局合理奖、想象丰富奖、造型美观奖、观察仔细奖、画面整洁奖等,可以引导幼

儿为上述奖项设计标志性图案，并制作成印章。评价时教师不必苛求，根据幼儿的作品特点印上相应的标志性图案，认可尚不成熟的作品，赏识幼儿每一个微小的进步。

②日常渗透评价法。在新的教育理念引导下，我们提倡开放式的教育，也提倡开放式的评价。例如：已完成作品的幼儿可以先互相欣赏、相互交流、自由评价；教师可以在活动室或走廊的墙上设立美术作品展示区，将欣赏与评价自然渗透在日常活动中；自由活动时幼儿经常会围着展示区指指点点，这时教师可以自然地加入他们的谈论，引导他们相互介绍作品，欣赏同伴作品中的某个亮点；在餐前餐后或其他自由活动时间，教师可以有目的地在展示区进行个别访谈、作品分析；在晨间、离园前集中活动时教师也可以引导评价；还可以建议家长倾听幼儿的自我表述，请家长以赞许的方式一同参与评价；等等。总之，教师应当把评价看作评价者和被评价者相互交流的过程，充分体现评价的民主化和人性化。

(3)整体评价与分散评价相结合

在幼儿园美术活动中，虽然教师设计的最后一个环节大多是评价和欣赏幼儿作品，而在实际教学中，幼儿绘画、制作的速度不同，经常会给整体评价带来不便。因此，需要采用整体评价与分散评价相结合的方式，对美术活动进行评价。在幼儿园美术活动中，我们提倡鼓励幼儿人人积极参与活动，个个在原有基础上获得不同程度的发展，在美术活动的评价上我们也应用"以人为本"的态度激发幼儿的兴趣，鼓励他们自信地参与美术活动，并在这一基础上得到进一步发展。在评价中，教师可以根据活动内容设计一些相应的角色和情景。例如：画花时借助"蝴蝶、蜜蜂"来评价；画蘑菇时请"小兔"来评价；制作家用电器时请"设计师"来评价；等等。

3. 评价作品和欣赏作品相结合

在美术活动评价中，教师往往会比较注重对幼儿美术活动的结果——作品的评价和欣赏，因此，一些美术活动能力较强的幼儿经常因为"结果明显"而受到老师的关注和青睐，而一些美术能力较差的幼儿则因为作品的"不了了之"而受到指责和冷遇,这种重结果、轻过程的评价对幼儿来说是欠公正的。实际上,美术活动的过程是幼儿的操作和表现的过程,每个参与美术活动的幼儿,不管最后的结果怎么样,他们在活动中都是有收获的。例如:他们可以高兴,也可以不高兴;对自己的作品可以认可,也可以不认可。这种高兴与否、认可与否是每个参与美术活动的幼儿都可能经历的心理活动,是他们日后的经验体系中不可缺少的要素。从这一点出发,教师应将幼儿在参与美术活动中的心理感受纳入到美术评价的框架之中,并引导幼儿体验和说出自己的感受,从而帮助幼儿建立积极的自我认同。

4. 幼儿美术作品评价方法

(1)幼儿美术作品评价的意义

幼儿美术作品是幼儿自我建构的艺术产物,是幼儿对周围生活的认识与感受的表达。幼儿美术作品的内容与形式因其年龄不同而有差异,反映了幼儿多方面发展的情况,所以,对幼儿美术作品的评价,同样具有较大的意义和价值。

①反映了幼儿的审美认识和情感。幼儿的美术作品反映了幼儿对生活和世界的认识和情感,幼儿情绪情感上认同的东西,往往在美术作品中被醒目地、夸张地表现出来,这种作品的表现是倾向于主观的,带着情感色彩的,如所表现的物体是有生命的,是具体生动的,是富有思想的。

②反映了幼儿的审美表现力。幼儿对线条的使用和造型、对形象的再现和概括、对色彩的选择和运用、对画面的构思和安排、对空间的理解和把握,通过审美表现才能在作品中反映出来。因此可以说,幼儿的作品反映了幼儿的审美表现的水平。

③反映了幼儿的审美创造力。幼儿的美术作品是独具魅力的,他们对线条、色彩、构图、造型具有天生的敏感性,有时候那些在成人看来不合逻辑的构思、不合比例的造型、主观想象的色彩、看似随意安排的空间,恰恰反映了他们的智慧和能力,反映了他

们独特的审美创造。

(2)幼儿美术作品评价指标

对幼儿美术作品进行评价不是评判幼儿的作品好不好,像不像。评价幼儿美术作品的目的,是分析了解幼儿美术发展的特征与幼儿美术作品中反映的幼儿身心发展的特质,对幼儿的美术教育做出反思,并进一步改进今后美术教育的内容和方法。对于作品的评价,可以由教师来进行,也可以由幼儿来进行。传统的教育对教师的要求是"要给幼儿一杯水,自己要有一桶水"。而今天的教育更加注重让幼儿拿着自己的"杯子",用自己的方法不断找到适合自己的"水",即要求幼儿自主学习。因此,教师评价幼儿美术作品的价值主要是对幼儿审美评价能力的形成起到正确的导向作用,也就是通过讲解具体的作品,为幼儿评价能力的发展提供"支架",最终让幼儿获得自主的审美评价能力。从这一角度来说,教师对美术作品的集中评价很有价值。让幼儿欣赏同伴的作品,也有助于幼儿向同伴学习。在具体评价中,教师应当尽可能发现幼儿作品中的优点,对作品的评价应该是具体的、真实存在的,而不是空泛的、不着边际的。对幼儿美术作品的具体评价指标参见表3-1。

表3-1　幼儿美术作品评价指标一览表

评价项目	参考指标
绘画线条和形状	1. 无规律地乱线涂鸦 2. 象征性地画某个形象 3. 以圆形、方形为主表现物体形象,但形象的整体性不强 4. 线条(直线、曲线、折线)和形状(圆形、方形、三角形)的表现准确、熟练、流畅,并能把它们有机地组合起来,表现物体的基本形象和主要特征
结构特征	1. 无结构特征或结构特征错误,不能反映物体形象 2. 具备了物体的基本部分,但结构不合理或特征有遗漏 3. 形象的各组成部分基本齐全,特征显著,但结构欠合理 4. 表现物体基本特征和细节,结构合理紧凑,各部分之间关系基本正确

第三章 学龄前儿童美术教育教学的方法与策略

续表

评价项目	参考指标
造型的创造性	1. 完全模仿,没有创造 2. 以模仿为主,局部有创造 3. 创造性的造型
使用固有色	1. 随意使用1~3种颜色,不按照物体的固有色表现作品 2. 所表现作品的颜色有4~6种,与物体的固有色相似 3. 所表现作品的颜色有7~9种,与物体的固有色相似 4. 所表现作品的颜色有10种或10种以上,与物体的固有色相似
色彩的丰富性	1. 无规律地涂色 2. 颜色的种类较少,作品色彩单调 3. 选择颜色种类较多,作品色彩鲜艳,但主调不明显 4. 选择颜色种类多,作品色彩丰富鲜艳,能有主调地表现主题
色彩的情感表现性	1. 无意义地择色和涂色 2. 模仿范例色彩表现 3. 有主观感受,但色彩表现不强烈 4. 不受表现对象固有色束缚,表现自己感受到的色彩,有情绪性
构思	1. 形象组织杂乱无章,互不联系 2. 作品偏于一角或过大或过小 3. 将主体物安排在突出的主题位置,但整体布局不太合理 4. 形象主次分明,布局合理,具有一定的均衡感、整体感
空间感	1. 缺乏空间观念,表现内容无逻辑联系 2. 有地平线观念,但无大小、前后、内外观念,表现物体逐一排列,形象等高等大 3. 表现物体大小、内外,但不能表现前后关系 4. 能表现物体大小、前后、内外关系
主题表达	1. 完全不理解主题意义,表现物象与主题无关 2. 表现一些与主题有关的物象,但物象之间缺乏联系 3. 内容较丰富,互相关联,基本表现主题,但不够生动 4. 内容丰富,情节生动,主题清晰、准确

续表

评价项目	参考指标
操作技巧	1. 随意操作,不会用技能表现作品 2. 所用技巧是作品整体的一部分 3. 所用技巧适合于作品表现 4. 充分发挥技巧,创造性地表现作品
作品组织	1. 作品粗糙,只能表现基本特征 2. 作品中某一部分有细节表现 3. 作品中一部分表现了真实情境 4. 作品的表现能反映作品的内容和意义

幼儿作品评价是幼儿发展的重要依据之一,在美术作品的评价中,可以采用单个作品评价,也可以采用"个人档案袋"的方式进行评价。在单个作品评价中,主要引导幼儿就某个美术作品提出自己的意见和看法,引导幼儿发现自己的进步,获得成功的喜悦。在需要激励的情况下,教师可以采用横向比较的方法,偶尔将幼儿作品进行单个比较评价,但教师要避免用单一的标准评价美术水平和能力不同的幼儿,横向比较更应慎之又慎。所谓"个人档案袋"是指教师将每个幼儿的作品制作成"个人档案袋",在期中或期末举办"幼儿作品展",作品来自于每个幼儿的"个人档案袋",可以由教师挑选展出作品,也可以让幼儿自主挑选,挑选的过程就是一个评价的过程,欣赏他人作品的过程也是一个评价的过程。

(四)学龄前儿童美术教育活动评价策略

为了适应新的美术课程理念和评价观念,除了定量的评价方法之外,还必须注意以下几种评价策略,即:自评、互评与教师评价相结合;形成性评价与终结性评价相结合;提倡质性评价;重视纵向评价。

1. 自评、互评与教师评价相结合

以往的评价都是单向性的,教师以绝对权威的身份对学生的学习活动"评头论足"。尽管我们难以否认教师在整个教学活动中(包括评价活动)的主导作用,但这种评价活动本身缺乏教育的民主精神,而且由于缺乏学生的参与,参照面变窄,降低了教学评价活动的公正性和全面性。此外,教师的评价是以一种结果的形式呈现给学生的,没有学生的参与,也使得评价过程难以发挥积极的作用。

正因于此,教学评价作为一种促进学生发展和教师改进教学的手段,应该追求集合效益,这种集合效益来自于学生的自我评价、学生之间的互评和教师的评价以及学生对教师的评价。甚至有人认为,集合效益还应该包括学校领导和家长的评价。这种想法从综合方面考虑显然是进步的,但从现实情况看,未免显得过于理想,偶尔为之可以,却很难经常化实行。

学生的自我评价主要是形成一种反思的习惯和能力。他们往往能根据自己的反思调整自己的行为,使行为的水平和质量得到提高。美术教育应该培养学生的反思能力,让学生经常性地对自己的学习行为和结果进行反思性的评价,这样既有利于提高学生学习美术的效果和质量,同时又能培养具有反思精神和能力的人。现在许多美术教科书中都提出了评价建议,比如:

你是否与同学一起参与本课的讨论和制作活动?

你能否用线材、面材、块材设计制作出日常生活用品?

通过学习,你对家庭装饰是否有了新的认识?

你认为自己的作品还有哪些需要改进的地方?

……

这类评价就属于反思性评价,它并不要求学生给自己评出等级或分数,而是引导他们对自己的学习进行反思。

学生之间的互相评价,有助于学生走出自我空间,形成一种横向关注的意向和能力,进而发展一种良好的社会关系,这种横向关注的意向和能力反过来又能提高学生对自己的认识。

进行学生之间的互评应注意以下三点。

①应该培养学生的善意,即用一种善意看待他人的学习及其

成果,看到他人的长处,当然也看到他人的问题。

②要注意培养多元和宽容的心态。在美术学科中,个性和创造性是基本的特征,个性化的学习方式及其结果是应该受到尊重的。在学生的互评过程中,学生要逐渐认识到美术评价的标准是多元的,应该对其他同学的学习和表现活动中显示出的个性和创造性具有宽容心。

③注意评价的方式方法。对同学的美术成果的评价,应该坦诚,不要虚与委蛇,表面敷衍,同时也应该避免伤及同学的自尊,要尽量让对方能够心悦诚服地接受意见。在此方面,可能年幼的学生会童言无忌、大胆直白,但成年社会将会复杂得多,因此逐渐学会坦诚而委婉地评价他人的行为,会让他们在成人社会更好地与人相处。

学生自评、互评和教师的评价往往可以结合起来进行。教师在组织评价时,需要高度的智慧,将评价活动进行得非常有趣,甚至变成一次有益的教学活动。

2. 形成性评价与终结性评价相结合

以往,我们一般认为美术教师关注的只是终结性评价,只是在一个学期结束之后给学生评定一个分数作为美术成绩。但实际上,美术学习中并不乏形成性评价,比如我们平常在学生完成一次作业后给出一个分数就是形成性评价。所以,在美术教学中一直就存在形成性评价和终结性评价相结合的情况,但需要思考的问题是通过课程改革我们如何在美术教学中提高形成性评价和终结性评价的水平和质量。

在美术学习中,形成性评价与终结性评价各有其优点。形成性评价能在一个学习过程中不断地帮助教师获得相关的信息,及时地调控自己的教学行为,对学生而言则会使得获得强化的频率得以提高,获得学习的持续动力。形成性评价的方式比较自由,可以是几句简单的表扬,也可以是对问题和不足的善意的指明;可以口头的表达,也可以是书面的评价,甚至是包含某种信息的眼神和动作;可以是描述性的评价,也可以是分值的呈现;评价的对象可以单一个人,也可以相对多样。形成性评价的频率也可以是自由的,可以根据需要适时进行,但最好是在一种行为的关键点❶进行。

终结性评价是一种比较全面和正式的评价,不仅要考虑学生对美术的基本知识与技能的掌握,而且要考虑学生对学习方法的领悟和学习能力的提高以及一个阶段学习后情感、态度和价值观的良性变化。至于采用分数、等级或者其他的方法,其实也是根据需要和环境的要求而定。当然,如果条件允许,我们更主张采用质性评价的方式。

3. 提倡质性评价

(1)质性评价的优势

质性评价,是相对定量评价而言的。质性评价范式出现于20世纪六七十年代,它的出现与科学研究中的质性方法❷的普及有关,同时也与对量化评价的负面影响的反思和批评有关。

就评价方法而言,质性评价与量化评价的方法是相对的。这里有几个关键词需要注意:①研究者本人;②自然情境;③归纳法;④互动;⑤解释性。因此,质性评价需要评价者本人的参与,在自然情景中搜集各种评价资料和素材,采用归纳法分析评价对象的表现,并用解释性的方法描述对象。一般认为档案袋评价是质性评价的重要方法之一,此外,观察、交流、作品展示、评语,以及上文提到的自评与互评都是重要的质性评价方式。

在美术评价中,质性评价似乎更能突出评价的促进功能。在

---

❶ 行为关键点是指学习活动过程中具有转向和前提意义的地方,如果转向发生错误或者前提不牢固,后面的行为就会相应发生偏移或者无法继续。比如,在绘画活动中,如果构图的问题不能正确解决,那么以后的表现就不会有好的效果,所以最好在构图这一过程中及时地进行评价,矫正不良的方式。

❷ 质性研究是以研究者本人作为研究工具,在自然情境下采用多种资料收集方法对社会现象进行整体性探究,使用归纳法分析资料和形成理论,通过与研究对象互动对其行为和意义建构获得解释性理解的一种活动。

美术学习中,评价的甄别功能比起其他学科要小得多,因而更有必要通过质性评价来促进学生学习兴趣的提高和学习能力的发展。因为质性评价比起关注结果的分等和评分,更能关注学生的学习态度、学习过程,更能关注学生的发展,同时也更具有互动性、更具有人性色彩。

(2)评语与成长记录评价法

美术创作是一个非常个性化和具有创造性的行为,所以很难制定一个统一的精确的客观标准——这正是量化评价赖以存在的基础,而质性评价由于强调在情景中的参与、互动,其特征是内在的、主客观统一的、全面的和微妙的,因此与美术活动有着较强的对应性。既然质性评价与美术学习有着较强的对应性,而质性评价的方式中又以评语和成长记录的方式最为常用,那么就有必要对这两者作更进一步的探讨。

我们知道,分数与等级或排序有关,一个简单的抽象的分数,其实很难准确地呈现学生在美术学习中表现出的丰富内涵,即便是采用细化后赋予分值的方法,仍然具有一定的抽象性,而评语似乎更能具体揭示出学生美术学习中表现出的丰富内涵。在给予评语时,应该遵循鼓励的原则,教师不要吝啬自己的表扬,但要吝啬自己的批评,指出问题应该用比较婉转的口吻,运用"如果……会更好"这样的语式,这样会收到更好的效果。

此外,在条件允许的情况下,教师应该与学生沟通,了解学生的真实想法,否则写出的评语不容易贴近学生的思想和感情。有时候我们对学生的一些行为感到难以理解,其实往往是没有理解他们的想法。

尽管我们可以对评语的好处大加渲染,但也要根据实际情况来进行取舍。实际情况是,一个美术教师往往面临着十几个班数百名学生,要给每个学生写出一定数量的评语,似乎比较困难,偶尔为之可能,经常运用则可能性不大。所以,如果一个美术教师任教班级不多,可以采用简单评语的方法,将美术学习分成几个侧面,用简洁的语言加以评价。如果任教班级过多,采用评语的方法似乎不现实。这时可以采用以分数为特征的定量方法。但为了避免分数向学生传达的信息过于抽象,可以采用将评价指标相对细化的方法,以这种方式给出分数,学生对于自己的优缺点就会一目了然。

　　成长记录的方法,实际上就是我们上面提到的档案袋评价。在美术评价中,成长记录就是通过收集学生在学习过程中的美术作品、草图、文字资料(美术评论、学习感想、试卷等),让学生看到自己的学习成果,看到自己的进步和发展,树立起美术学习的信心。成长记录袋并不是一个简单的容器,将所有的学习材料放在里面,然后不闻不问,这种成长记录袋是没有什么意义的。应该鼓励学生经常性地翻看里面的资料,找到自己的进步和不足,还可以鼓励学生将自己成长记录袋中的东西拿出来与同学分享和交流,相互学习,取长补短,共同提高,这样才能发挥成长记录袋的作用。此外,对放入成长记录袋中的东西,也应该加以选择,没有必要将学生的任何作业都放入成长记录袋中,这样反而会造成信息冗余,掩盖主要部分。一般放入成长记录袋中的应该是学生最有代表性、最有质量、最能体现他们的进步和最能反映学生思想与情感的东西。

　　然而,成长记录袋也有一定的局限性。其中最大的问题和困难就是:由于数量的巨大导致难以储存和管理。试想,如果一个教师任教十几个班级,数百名学生每人一个成长记录袋,存放这么多的成长记录袋需要多大的空间,管理这么多的成长记录袋又需要多少人力?教师面对这类难题,应该采取一些方法,比如让每个学生保存各自的成长记录袋,条件好的地区也可鼓励学生通过拍照、扫描等方法自己设计电子成长记录档案。

　　(3)展示性评价法

　　在中小学美术教学中,展示也是一种行之有效并经常运用的质性评价的方法。展示可以分成不同的层次和种类,可以将学生的作业或作品在本班教室里展示,也可以在学校公开地展览;可以是临时性的陈列,也可以是正式的展览。一般而言,展示的对象主要是比较优秀的作品,学生一般也会认为能够参加展示的作品是优秀的,所以对学生来说,自己的作业或作品能够被展示是一种荣耀,会给他们以极大的鼓励。

展示的目的在于鼓励先进和优秀,因此那些举办以批评为目的的展示是绝对不予提倡的,这样不仅会伤害一些学生的自尊,严重的还会造成他们厌恶和排斥美术学习的心理。当然,出于教学目的的展示,也可以有意识地选择那些虽然不算优秀,但具有进步意义的作业或作品,这样能够使更多的学生受到鼓励。展示活动不应该仅限于将作业或作品陈列出来,还应该进行讲评和交流活动。这种活动可以由教师做,也可以鼓励学生讲述自己的体会和经验。这样,展示的效果会更好。

4. 重视纵向评价

纵向评价是相对于横向评价而言的。横向评价是将"自己与他人比",纵向评价是将"自己与自己比"。纵向评价其实是鼓励学生将自己的学习情况作纵向的前后比较,从而发现自己进步的幅度,或者建立自信,或者刺激努力。在学习中,尤其在美术学习中,天赋的因素是不可否认的。一些学生尽管并不怎样努力,但在学业成绩上仍非常好,而另一些学生尽管非常努力,在学业成绩上却仍不十分理想。如果进行横向的比较,那么天赋低的学生可能永远只能是自卑,从而导致自信心不足,影响学习的兴趣。

因此,在美术学习的评价中,除了根据需要采用横向评价外,更应该鼓励采用纵向评价。事实上,上文介绍的成长记录袋的方法,就是一种有效的纵向评价的方法。此外,还可以设立进步率的评价项目,鼓励学生在自己现有基础上的进步。有的学生可能在横向比较上获得的评价较低,但在纵向评价上获得的评价较高,同样能激发他们的自信和上进心。而另一些学生尽管横向评价较高,但纵向评价较低,就可能进一步激发他们的学习积极性,开发他们的学习潜能。因为相对天赋较好的学生,已经有横向评价高作为垫衬,纵向评价低一般不会打击他们的自信,只会成为一种激励的力量。

除了少数对美术学习有着浓厚兴趣的学生和少数对美术学习兴趣索然的学生,绝大部分学生对美术学习的兴趣是处于中间状态的,一些可能的手段和因素会使他们对美术逐渐地产生兴趣,也可能使他们对美术变得毫无兴趣。这些可能的手段和因素中,就包含评价。

在进行评价时,应遵循鼓励为主为原则,并在此基础上以委婉、商量的口气提出改进意见。如果在评价时,我们首先就秉持一个等级的概念,用语以批评为主,就可能使大量的处于中间状态的学生对美术的学习失去兴趣。用语的适应性问题,也一定要加以考虑,对于意志薄弱的人适当地隐瞒一些真相可能会获得较好的效果,但对于意志顽强者,明白地告诉他问题所在可能效果更佳。鉴于美术学习的地位以及学生对美术学习的态度,似乎可以说大多数学生属于"意志薄弱者",也就是说,如果在美术学习上没有成就感,他们是不会动用强大的意志去学习美术的。

在思考美术学习中的评价问题时,我们的思维路径是:评价的功能主要是甄别与选拔和发展与促进两大方面,在美术学习中甄别与选拔的功能并不突出,因此重视美术学习中的评价实际上意味着重视评价在美术学习中的发展和促进作用。这要求我们将评价作为一种有效的手段,激发学生学习美术的兴趣,帮助他们找到自己的不足,获得发展的方向和动力。

第四节　学龄前儿童美术教育活动中教师的作用

一、幼儿美术活动的支持者

(一)创设自由宽松的心理环境

在美术创作中,情感对操作起着动力性的作用。宽松的心理环境是幼儿释放情感,进行美术创作活动的前提。在心情良好的状态下进行美术活动,会使幼儿思路开阔,思维敏捷,解决问题迅速而准确。因此,教师要为幼儿创设宽松的心理环境,让幼儿有足够的自由和信心去主动操作,而不是胆小慎微,唯唯诺诺,亦步亦趋,事事看着老师的眼色,生怕违背了老师的创作要求。

(二)创设充满情感色彩的审美环境

自由宽松的心理环境为幼儿的自信提供了空间,充满情感的审美环境则为幼儿的审美提供了创造空间。这种审美环境的创设可以从以下两方面考虑。

首先,为幼儿创设富有审美情感色彩的日常生活和学习环境。在考虑幼儿园所有的设施、设备、物质、材料、时间、空间等适合幼儿需要的前提下,教师应巧妙利用幼儿园内的空间,进行艺术化的装饰与布置。在审美环境创设中,教师要考虑活动室、寝室、走廊的整体安排,将现有设备摆放在最佳、最能发挥作用、最有利于幼儿活动的位置,并力求造型可爱且富有童趣,色彩丰富而协调,内容符合幼儿审美情趣,空间安排有韵律感,有美感效果。例如,在楼梯下的死角处悬挂上幼儿制作的"藤条",把一个无用的角落创设成幼儿喜爱的"悄悄话"角;在充满横梁竖垛的长廊上,悬挂各种形状的幼儿作品,打破原来呆板杂乱的线条。这些优美的环境使幼儿产生舒适、安宁、轻松、快乐的感觉,使他们在潜移默化中受到美的感染,美的熏陶。

其次,为幼儿创设与美术活动相适应的审美环境。如在幼儿画菊花的活动中,收集各种菊花进行欣赏,带领幼儿参观菊花展览,收集各种菊花的图片张贴在活动室的适当位置,引导幼儿欣赏、感受菊花的不同姿态和美丽色彩。通过对这种特定的审美情景的体验,引起幼儿情绪上的兴奋,对菊花的美产生敏锐的感知,发现其美的特征,从而激起幼儿创作的动机和热情。研究表明,让幼儿置身于审美环境之中,有助于他们审美能力的提高和审美创造的发挥。

二、幼儿美术活动的引导者

引导者的角色是：幼儿美术学习和探索的"引路者"。幼儿在美术活动过程中，只有感兴趣，学习的主动性才高，因此，美术活动前，教师先要了解幼儿的兴趣需要及认知程度，支持幼儿有益的兴趣需要，引导幼儿参与活动内容和顺序的讨论。在实施活动过程中，由于幼儿对事物的理解比较肤浅，可能又会出现许多新的问题，幼儿兴趣可能会发生转移。此时，教师就要成为幼儿的领路人，帮助幼儿调整计划，支持和鼓励幼儿的合理需要，引导幼儿讨论解决新问题的办法。当幼儿在构思、造型等操作中发生困难而无法解决的时候，教师要为幼儿传授必要的美术知识技能，同时，更重要的是引导幼儿合理运用知识技能，完成操作要求，获得成功的喜悦。

在引导幼儿进行美术活动中，教师需要明白，美术知识技能何时教，教什么，怎么教。教师应当了解幼儿美术表现的发展规律，当发现幼儿对某一技能感兴趣时，应给予探索尝试的时间，也可以使用范例、环境暗示、参观、实物观察欣赏、必要示范和演示以及提出激发幼儿思考的开放性问题，有效地传递给幼儿必要的知识和技能，并充分让幼儿运用这些知识技能进行表现，在表现中不断将技能进行整合，变成自己的能力和技巧，为创新打下坚实的基础。

三、幼儿美术活动的合作者

(一) 解决问题的参与者

师幼关系是平等和互相尊重的。美术活动过程主要是幼儿的操作和表现活动，幼儿是活动的主体，特别是在幼儿用自己的绘画语言进行表现和创造的时候，教师必须承认自己有所不知，并尝试着参与到幼儿开放式的操作和创造活动中,激励幼儿更自由地表达和创造。例如,教师在参与中发现,幼儿将太阳绘成奶黄颜色,原来是因为他希望用火箭将冰淇淋射到太阳上面,减少太阳的热量,给炎热大地上的人们带来清凉。这时教师应给予幼儿充分的肯定和赞赏。

(二)创新活动的保护者

创新精神是个体创造力发展的内在驱动力。幼儿时期正是创造力萌发的阶段,美术活动为幼儿的创造提供了平台,培养和保护幼儿的创造精神,应该成为美术活动的重心之一。幼儿从出生开始,每天面对的大多是新事物。幼儿是好奇、好动、好问的,在这些表现后面蕴藏着许多创造思维的火花。教师要善于满足幼儿的求知需要,注意发现和保护好幼儿的好奇心、自尊心、自信心,使他们潜在的聪明才智、求知欲望通过绘画、手工、制作等手段得到充分的发挥。例如,拟人化是幼儿绘画中常见的现象,幼儿将动物、植物等看作是有生命、有思想的,是随时可以交流和倾诉的对象,因此,在幼儿的笔下,小猫会钓鱼、小熊会治病、蝴蝶会跳舞等屡见不鲜,他们甚至能用绘画表现"到月亮上去荡秋千"的奇思妙想,这是幼儿可贵的创造潜能的释放,教师应当加以保护。

(三)活动成果的分享者

教师要尊重、理解每个幼儿的美术活动成果,通过评价、展示、交流等形式,分享幼儿的各种美术活动成果,与幼儿一起体验由成果带来的喜悦,从而产生新的操作和创作欲望。理想的幼儿园美术教育,时刻以幼儿为本,关注生命,关注幼儿的发展。教师始终以人文关怀和科学探索精神,去理解,去尊重,去信任,去欣赏,去等待,让幼儿充分享受各自成功的喜悦和快乐。例如,美术活动后及时将幼儿作品展示出来,这时候教师千万不要吝啬自己的微笑和赞美,特别对具有独到之处的作品,教师更应当适时表现出惊诧的表情神态,把自己的赞美及时传递给幼儿,让幼儿体验快乐,产生进一步创作的欲望。

第五节 学龄前儿童美术教学媒体的使用

一、运用多媒体教学功能

在美术教学中,用语言来描述形象和形式往往是苍白无力的,必须用具有形象性的实物、模型、图像和具体演示来解释。随着信息化的迅速普及,美术教学媒体也越来越多样化,视觉的参照物也更丰富多彩。除了在美术教学中通常使用的表达视觉符号的图片、实物和师生具体操作的物质材料,如美术作品(用于欣赏和激发想象力的原作和印刷图片)、实物教具(可用于写生或激发想象力的道具、标本、玩具模型和教学演示的教具)、教学步骤图和示意图、教师的演示和辅导、幼儿美术活动中使用的工具材料和幼儿的动手操作等,还有电脑控制的多媒体设备,这些设备也为现代美术教学延伸了无限的视觉空间。如图像设备类,尤其是实物投影仪、幻灯和摄像等,可以展示丰富的图片资料和丰富多彩的影像,帮助幼儿认识、观察实物的特性,大大地延伸了视觉空间,在激发幼儿想象力方面起到很大作用。还有音像设备类,可以综合语音、形象、音乐和景物等进行联想创作,大量高质量图像的感知和变幻莫测的形象加工与创造有利于儿童智力的发展和形象思维的发展。

二、合理使用社会美术教育资源

社会美术教育是幼儿园美术教育内容的延伸和补充,除幼儿园、家庭以外的社会机构和场所所提供的早期儿童美术教育形式,如由国家和社会团体举办的各种美术训练班、儿童美术技能大赛等,以及美术馆、博物馆、电视、电影、期刊、画报等都能作为美术教育的特殊媒体起到积极的作用。有条件的地区,也可有选择地鼓励幼儿参加社会美术教育所开展的各种美术活动。因为幼儿园美术教育受教材、教师、场地、设备、材料等相关媒介的束缚,美术教育应有的作用无法得到充分的发挥,而社会美术教育所开展的各种美术活动可以不受教学大纲、课程标准和教材的影响,其丰富的设备和多元化的指导者,可以使幼儿深刻体会到美术活动的丰富性和乐趣。与幼儿园相比,社会美术教育所开展的各种美术活动具有场地开阔、材料量大、活动时间充裕、指导人员专业水平高等特征,有利于提高幼儿学习美术的兴趣,发展个性,并且可以自然地与艺术环境融为一体,使幼儿在轻松、愉快的氛围中感受艺术、了解艺术并爱上艺术。

第六节　学龄前儿童美术教育活动中应注意的问题

一、儿童美术绘画活动中应注意的问题

(一)小班学龄前儿童美术绘画活动中应注意的问题

小班学龄前儿童年龄较小,绘画目的性不强,绘画技能不完善,有的还停留在涂鸦阶段,正在初步尝试用象征性的符号表达意图。对此阶段的学龄前儿童,教师的鼓励尤为重要,活动设计时应该通过多种形式激发学龄前儿童参与绘画活动的热情,提高其参与活动的兴趣。教师可以通过情境化的设计吸引学龄前儿童关注活动主题,并在绘画过程中,允许学龄前儿童边说边画,满足多种形式的表达欲望。同时,多次练习也能促使他们将绘画和已有经验产生联系,并在动手与动口的结合中产生心理满足感。

最后,通过各种形式的环境布置满足学龄前儿童的探索欲望,进一步巩固学龄前儿童的技能和认知。

(二)中班学龄前儿童美术绘画活动中应注意的问题

中班学龄前儿童有了初步的手眼协调能力,能将简单的图形与事物联系起来,绘画水平进入了图式阶段。教师在设计绘画活动时应更关注学龄前儿童的特点和个体差异,引导学龄前儿童有目的、有意识地进行绘画活动。在进行绘画活动时,教师鼓励学龄前儿童自己确立主题。并在绘画之前,教师通过谈话、讨论,鼓励学龄前儿童预设自己的绘画内容,接着就让他们按照自己的想法去大胆地画。然后,在绘画过程中,教师的指导以激发创造性为主。最后,有针对性地评价学龄前儿童作品,尊重个体差异,注意倾听学龄前儿童对自己作品的介绍,理解学龄前儿童的想法,真正理解作品的价值。

(三)大班学龄前儿童美术绘画活动中应注意的问题

随着思维能力的发展和技能的完善,大班学龄前儿童绘画的目的性更加明确,绘画形象也日趋完整,能把握住物象的基本特征,绘画水平进入写实阶段。在大班绘画活动中,教师可以以主题、造型、色彩为要点来进行活动设计,引导学龄前儿童画出表现自己内心感受的作品。教师可以在活动前期,与学龄前儿童一起收集绘画素材,然后在绘画活动中,教师引导学龄前儿童仔细观察这些素材,并进行构图、想象,明确绘画主题。然后,教师鼓励学龄前儿童通过细节表现造型特征,并引导学龄前儿童用色彩表达丰富的感情,突出主题。

二、儿童美术手工活动中应注意的问题

(一)小班学龄前儿童美术手工活动中应注意的问题

小班学龄前儿童手工活动处于无目的的活动阶段。这个时

期的学龄前儿童由于手部小肌肉的发育不够成熟,认识能力也很有限,所以手工活动并没有明确的目的。因此,教师不宜提出过高的技能要求,应把重点放在让他们通过充分地与材料接触,了解材料的性能与作用,感受活动过程带来的积极情感体验方面。在选择活动内容方面,教师应在观察学龄前儿童的基础上,选取学龄前儿童常见的事物作为表现内容,这样有利于学龄前儿童的表达。在选择活动形式时,教师应首选游戏形式,通过游戏的语言帮助学龄前儿童明确活动主题,向学龄前儿童提出活动目标和规则,并将游戏情节贯穿于活动的始终。在设计组织方法时,教师可以考虑大组教学和个别操作相结合的方式进行教学,这样有利于学龄前儿童之间相互启发、相互学习,突破重难点。

(二)中班学龄前儿童美术手工活动中应注意的问题

中班学龄前儿童的手工活动处在基本形状阶段。教师在目标设计时,应有一些基本技能学习的内容,以帮助学龄前儿童顺利实现他们自己的意图,从体验手工制作的乐趣中获得成功感。在选择活动内容时,在让学龄前儿童大胆选择自己感兴趣内容的同时,还可以安排一些围绕主题进行的手工活动,以帮助学龄前儿童从无目的的动作逐渐向有意识的尝试过渡。在进行活动准备时,教师应为学龄前儿童准备充足的材料,使他们有与材料充分接触的机会,满足对手工操作的愿望,更好地体验手工工具和材料的特性。在选择活动形式时,教师要以游戏为主线,辅以适当的问题情境,采用"看看、想想、说说、玩玩、做做"等多样的形式,帮助学龄前儿童走入创作情境,尽情体验动手带来的乐趣。在设计儿童美术手工活动组织方式时,教师可以考虑采用大组讨论、小组制作的方式,这样,有利于学龄前儿童之间相互启发、相互学习,共同讨论制作中的困难,共同寻找解决的方法。

(三)大班学龄前儿童美术手工活动中应注意的问题

大班学龄前儿童的手工处于样式化阶段。教师在目标设计时应包含鼓励学龄前儿童大胆表现、积极创作的内容。在选择活动内容时,教师可以让学龄前儿童从美化生活出发,大胆选择自己感兴趣的内容,还可以安排一些围绕主题教学活动进行的内容。在进行活动准备时,教师应为学龄前儿童准备多种工具和材料,主要包括黏合、剪裁的工具材料,制作主体的工具材料,装饰细节的工具材料等。在选择活动内容时,教师要多以问题情境的方式激发学龄前儿童参与手工活动的愿望,帮助学龄前儿童明确活动主题,向学龄前儿童提出活动目标和规则要求。在设计组织方法时,教师应采用多样的教学形式,大组、小组、个别学习相结合。这样既有利于学龄前儿童之间发现问题,相互启发、相互学习,共同解决困难,又促进学龄前儿童间的相互交流和互相合作。

三、儿童美术欣赏活动中应注意的问题

(一)小班学龄前儿童美术欣赏活动中应注意的问题

在欣赏美术作品时,小班学龄前儿童一般会用最简单的词语把画中的物体列举出来,比如,画上有山、有树等。他们对美术作品内容的感知只限于画上的内容。因此,教师在设计小班美术欣赏活动时,要顺应小班学龄前儿童的年龄特点。在选择美术作品时,注意色彩明亮、主题突出、背景简单,内容不能太复杂,作品的再现性要强,所反映的内容要与小班学龄前儿童的生活经验紧密相连,应是小班学龄前儿童所熟悉的物体。另外,小班学龄前儿童受到语言表达能力的限制,尤其需要用感官和动作参与理解和表达。因此,在欣赏作品时,教师要调动学龄前儿童的多种感官感受,并鼓励学龄前儿童多用动作体验和表达,让学龄前儿童在边说边做的同时,获得基本的审美经验。

(二)中班学龄前儿童美术欣赏活动中应注意的问题

中班学龄前儿童在欣赏美术作品时,首先感知的也是美术作

品的内容,而忽略其形式,处于认识个别对象阶段和认识空间联系阶段。因此,教师在设计中班美术欣赏活动时,要选择色彩明快,能给学龄前儿童愉快感觉和体验的作品,让学龄前儿童尽可能地对作品外在的对象进行直接的陈述,或者说出自己的第一感受,让学龄前儿童初步形成对作品的整体直觉印象,并在此基础上,引导学龄前儿童对作品的形式和内涵意义进行欣赏,以帮助学龄前儿童进一步体验和理解作品,丰富他们的审美经验。最后,让学龄前儿童根据自己的想象、理解进行审美判断。

(三)大班学龄前儿童美术欣赏活动中应注意的问题

在大班学龄前儿童欣赏美术作品时,要让学龄前儿童初步形成对作品的整体直觉印象。可以让学龄前儿童把从画面中看到的、感觉到的,畅所欲言地表达出来。还可以从欣赏音乐作品入手,引导学龄前儿童将自己从音乐中感受到的相似的体验迁移到美术作品中,注意要让学龄前儿童尽可能地发挥他们的观察力、艺术想象力和语言表达能力,充分描述自己的印象和感受。然后,教师要提示学龄前儿童对作品进行分析,并在此基础上进行理性的感知。经过教育干预,大班学龄前儿童的审美判断标准不再局限和单一。教师引导学龄前儿童进行评价的重点,应侧重在对作品的审美判断和揭示作品对于人类美术活动的意义上,帮助学龄前儿童从多样化的作品表达方式中吸取审美经验,提高其审美判断能力和审美情趣。

第四章　学龄前儿童绘画能力的培养

科学的学龄前儿童绘画教育是建立在学龄前儿童绘画创作的心理过程及其绘画发展的年龄特点的基础之上的。为此,本章先探讨学龄前儿童绘画能力的发展以及他们进行绘画创作的心理过程,再论述学龄前儿童绘画活动的形成,以及绘画创作过程中各阶段的指导。

第一节　学龄前儿童绘画能力的发展

一、涂鸦阶段(2岁左右)

(一)涂鸦的实质及原因

涂鸦动作练习看似毫无结果,但对幼儿的绘画发展具有重要的意义。

从生理方面来看,幼儿到了2岁左右,手的骨骼和肌肉有所发育,神经系统有所发展,脑、眼、手之间的协调关系基本建立,脑和视觉对手有所控制和调节。于是,幼儿开始了新的动作练习,尝试控制一些简单的物体,如重复地抓握摆弄物体,一遍遍抛出或拖拉物品等。

涂鸦也是动作练习之一,但由于幼儿发育还不完善、不充分,这时不能画出准确的线条和图形,只能是乱涂乱画。涂鸦增强了幼儿手的力量,锻炼了手的灵活性与准确性,为以后真正的绘画打下了基础。

幼儿涂鸦的起因是模仿,他们看到哥哥姐姐涂画,自己也想试试,但他们并不会使用笔,只是外来刺激使他们开始模仿用笔在纸上涂鸦,很快他们开始享受到笔在纸上涂抹的那种乐趣。同时,幼儿发现,在他涂画的过程中,成人一般会专注地盯着他和他的笔,并且对于他涂画出来的成果给予赞扬,这也在无形中强化了他的涂鸦行为。渐渐地,幼儿在纷乱的线条中认识一些形状,并在表象功能进一步发展的条件下发现,他所画出的痕迹和记忆中的某些事物相像,于是去重复这些形象,用它们代表记忆中的那些事物。到了这个时候,不管画得多么不像,他们都进入新的时期——象征期。所以,涂鸦也在心理方面为他们进行真正的绘画创造了条件。

(二)涂鸦的阶段

涂鸦阶段又可以分为三级水平:先是无控制的涂鸦,然后逐渐过渡到有控制的涂鸦,再发展到命名涂鸦,每一级水平都有各自的特点和规律。

1. 无控制的涂鸦(1.5—2岁)

这一时期幼儿的动作协调性差,画在纸上的是一些随机的、杂乱不规则的线条,如横线、竖线、斜线、弧线等,这些线条长短不一、极不流畅且互相掺杂在一起。从空间上看,这时儿童的涂鸦不管上下、左右的方向,也会常常涂出纸外,如图4-1所示。尽管如此,他们涂鸦的兴趣很高,只要拿到笔,就会迫不及待地涂鸦。

在操作工具上,这时幼儿的手指通常是紧紧地握着笔,而手腕却很少移动,线条的方向和长短是靠手臂的前后摆动来决定的。他们反复画着这些线条,并且很仔细地注视着自己画出了些什么。从握笔的姿势来看,这时手心是向下的,手指和手掌一起抓握笔,整个手掌横着握笔。

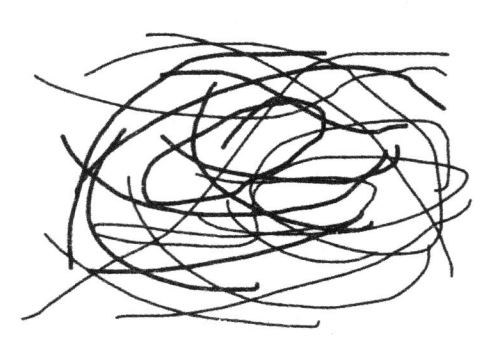

图 4-1　无控制的涂鸦

2. 有控制的涂鸦(2—2.5岁)

一般幼儿大约在开始随意涂鸦之后的6个月,会进入控制涂鸦的发展阶段。幼儿发现自己的眼、手能协调配合,能较为自如地运用手中的笔。这种发现会刺激他们不断地画出新东西来。在他们的涂鸦作品中,逐渐出现了重复的、上下左右的直线、倾斜线、锯齿线、螺旋线等,如图4-2所示。

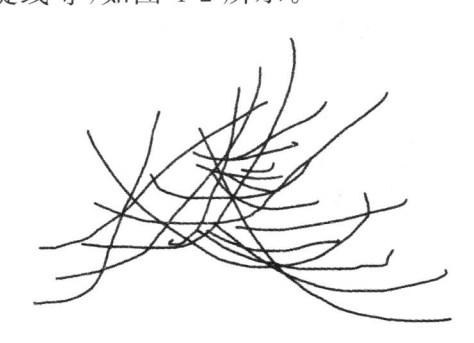

图 4-2　有控制的涂鸦

从手的动作来看,这时儿童的手腕肌肉、骨骼活动能力增强,腕关节运动较前期灵活,儿童的涂鸦已能控制在整张纸内。从握笔的姿势来看,经过不断调整和尝试,逐渐变成手心竖直握笔姿势,但还是靠手指和手掌一起活动来抓握笔。

3. 圆形涂鸦(2.5—3岁)

这时儿童能注视涂鸦时笔的运动方向,可以在纸上反复地画圆圈。刚开始是未封口的圆形，渐渐地能画出封口的圆形，还有复线圆圈、涡形线等。儿童能用这些大大小小的圆形来表现一切事物，如图4-3所示。

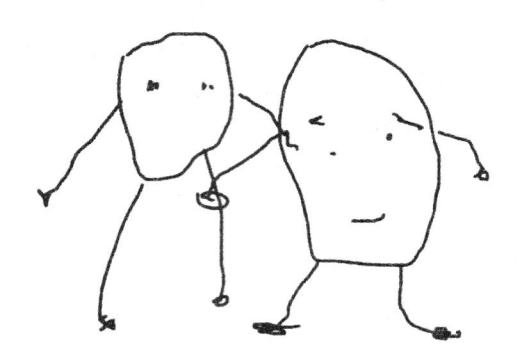

图 4-3　圆形涂鸦

4. 命名涂鸦(3—3.5岁)

当儿童从大圆圈、乱画的粗放动作转化到小圆圈的较细腻动作时，他们的涂鸦即将迈入命名涂鸦阶段了。这时幼儿仍不能画出具体的形象，但已经开始意识到所画的线条与实物之间的联系，已经有明显的表达意图。

二、象征阶段(3岁左右)

(一)造型能力

从造型上看，幼儿能凭主观直觉印象描绘出物体的粗略形象。所画的形象只是一些简单的几何图形和线条的组合，看不到完整的形象，基本保留了对象的形式特征，常常只具备物体的最基本部分，多半是粗略的、不完全的，结构有时不合理。所以，当部分脱离整体时，人们就无法辨认，部分就失去了它的意义。因此，这一时期儿童所画的图像是一种象征的图式，因为他们所画的都是抽象的几何形。当它们被用来表现事物时，他们便是象征符号，而一旦脱离整体，几何形的象征意义就消失了。其典型表现就是幼儿笔下的"蝌蚪人",即幼儿用一个大圆圈代表人的头部,在大圆圈内画上两个黑点或小圆圈代表眼睛,再在大圆圈下面画上单线条表示手、脚,这就是幼儿眼里的人。

"蝌蚪人"外形类似蝌蚪,它是3—4岁儿童绘画中常出现的人物造型。"蝌蚪人"造型是跨文化、地域的儿童共同的造型,它反映出儿童在此成长阶段对人的概念的理解。

(二)颜色

早期象征阶段的幼儿画使用的颜色种类较少,常以线条画为主,出现了小面积的涂色。但涂色显得杂乱无章,既无顺序,也不均匀,有的地方过于稀疏,留下许多空白;有的地方又过于浓密,有的还会涂到轮廓线的外面。渐渐地,幼儿能用方向一致的线条均匀地涂色,虽然小面积的涂色已经很均匀,但是大面积的涂色(如大面积的背景色)还涂不均匀。图画的颜色与实物的颜色之间并没有关系,涂什么颜色完全取决于这些颜色是否引起儿童的兴趣。

后期象征阶段的儿童对颜色开始有自己的喜好,通常表现为喜欢纯度高、鲜艳明快的原色,并用这些他们喜欢的颜色来描绘自己喜爱的物体,而把认为不好看的颜色涂在自己不喜欢的物体上或认为无足轻重的东西上。画面上的颜色种类通常达到3~5种以上,五颜六色是这一时期幼儿作品中色彩的典型特征。幼儿逐步能按物择色,如树叶是绿色的,树干是棕色的,天空是蓝色的,太阳是红色的等,但他们不太注意整个画面色彩的和谐。

(三)空间构图能力

早期象征阶段幼儿所表现的都是独立的事物,事物与事物之间没有任何联系,只是一种想到什么画什么的片段罗列,没有组成统一的画面,也未能形成整体意义。他们把每个形象像商品目录单一样罗列在画面上,而且这些物体一律竖立着,人物与太阳、白云处于同一水平线上,看上去有飘忽不定之感。同时,画面上形象的比例也不合理,如画人物时,腿的长度约是上身长度的三倍等。

后期象征阶段的儿童画画面上开始出现空间关系,他们已开始意识到自己是环境的一部分,并通过基地线表现出来,把所有的物体、人物放置在基地线上。成人仅凭作品难以确定幼儿画的是什么,但幼儿已能明确地指出他所画的东西。这一阶段,还可以观察到一种现象,即幼儿在画画时,边画边自言自语,饶有兴趣地讲述他画的东西。

(四)构思过程

幼儿绘画的构思过程也极不稳定,表现在先动笔后构思,幼儿在动笔前并没有想好要画什么,只是漫无目的地画着,受到某些动作、痕迹刺激与触发引起表象,才决定画什么。也表现在绘画内容易转移,如画飞机,画了一半就不画了,转而去画太阳,造成画面内容不连贯。幼儿的绘画还易受他人的影响,有的幼儿本来画小花,看到别的小朋友在画汽车,他也画汽车,刚画没几笔,听到另一个小朋友说要画太阳,他也画太阳。因此,常有这样的现象,邻座的小朋友画的内容都很像。

象征期是一个短暂的时期。在这一阶段,成人首先应该鼓励儿童大胆地按照自己的意愿去表达自己的思想感情,培养儿童独立绘画的能力,而不是一味地灌输一些绘画技巧,或强迫他们去学习一些无法理解的绘画理念。否则,对儿童的绘画发展只能是揠苗助长。其次,应给儿童提供开放的生活与视觉经验,引导儿童通过观察加深印象,强化视觉能力。

三、图式阶段(4—5岁)

(一)造型能力

一般而言,所有物体均可以几何造型来呈现,反映出"概念化"及"普遍性"的特质。对孩子而言,房子的造型是三角形的屋顶和长方形的屋体,在长方形上再画上小长方形的门和"田"字的窗,当画面上需要有房子出现时,其"样板房子"便会出现。人的造型仍以几何构成为主,如头都是圆圆的,上身是长方形的,女孩子的下肢是梯形的裙子,裙子的下面是长条形的双腿。男孩子的下肢就是两条长方形的腿。

例如,此时期的儿童人物画中,人物形象已有了身体,手臂通常是从身体部位伸出来,而不是从头部伸出来了;头上有了眼睛、嘴巴,还有鼻子、眉毛和耳朵、头发,手臂也分出了胳膊和手甚至手指。儿童还会给人物画上有衣袋、扣子的衣服,并用花纹装饰衣服。儿童还通过不同的细节特征来表现人物的性别、年龄、职业身份,如短头发的、穿裤子的是成年男人,烫头发、穿裙子的是成年女人,高个子的是大人,矮个子的是小孩等。

(二)色彩

从色彩上看,这一阶段的儿童对颜色的认识已日趋精细和完善。随着认识能力的发展,他们学会了按照物体的固有色来着色。

(三)空间构图能力

从空间构图上看,这时儿童画中的形象丰富,他们开始注意物体的近大远小原理,但还把握不住分寸,有时会夸大感知印象较深的东西。

四、写实阶段(6—7岁)

写实阶段是学龄前儿童较为真实地描绘物象的绘画阶段。

这个时期,幼儿在绘画中还存在一些独特的表现形式,主要有以下几种。

(一)拟人化

幼儿将一些无生命的物体或有生命的动植物画得和人一样,不但赋予它们生命,而且赋予它们一切人所具有的特点和本领。他们会赋予不会说话的物体以人的思想、情感和行为,我们最常见的就是给太阳画上眼睛、鼻子和嘴巴,使之成为"太阳公公";汽车有一对明亮的眼睛;小动物都是直立行走,它们会手拉手一起唱歌、跳舞;树叶长成了人脸等。

出现这一画法是由于幼儿正处于"泛灵论"阶段,他们把自己的情感和意识赋予整个世界,使之人格化。同时,他们也觉得自己和它们很亲近,和它们易于理解和交流。

(二)展开式

展开式又称求全式、异方向同存式或视点游走式。它是指幼儿将从不同角度观察到的事物在同一个画面上表现出来的绘画现象,即画中的人物、事物由中心向四周或上下或左右展开的画法,感觉像作画者站在高处鸟瞰后画出来的作品。如画面上桌子的四条腿分别伸向上下左右四个方向,坐在桌子四周的人的头也是朝上下左右四个方向的。此种表现法为图示期儿童的"专利"之一,如图4-4所示。

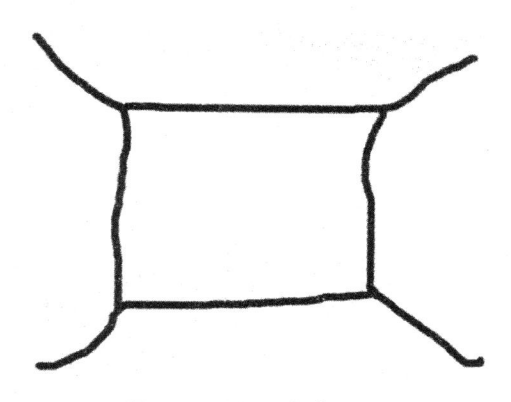

图4-4 展开式表现法

(三)透明式

透明式又称X光透视法,幼儿在画外界各种物体形象时,往往把从外面看不到的,而里面有的东西也画出来,全然不考虑透视这一原理。例如,画小朋友睡觉,要把被子里面的身体画出来;画坦克,要把里面坐的驾驶员也画出来。

透明式和展开式画法是儿童心理发展的产物。2岁左右的儿童发生过一次"哥白尼式的革命",获得了客体永久性——虽然物体看不见、摸不着,但他们知道这个物体是仍然存在的。这种客体永久性在绘画领域的表现就是透明式和展开式画法。

(四)夸张性

夸张性又称稚拙性,是指幼儿在绘画中常常不自觉地把自己关心的事物,或认为重要的事物画得很仔细、很突出,而没有注意到事物的整体结构。如画人时,一般头部画得比较大,整个身体却画得比较矮小,不合比例;画人跑时,把两条腿画得很长;把大象的鼻子画得特别长等。

(五)动态性

动态性是指在绘画的各种题材中,幼儿一般较喜欢画活动的对象,如飞机、坦克、汽车、火车、各种动物等。他们画火车时,往往一边画一边模仿火车"轰隆隆"的声音;画猴子时,会模仿猴子的动作。

第二节 学龄前儿童绘画创作的心理过程

绘画创作是指创作者在一定的创作欲望的推动下,运用线条、色彩和形体等艺术语言,通过造型、设色和构图等艺术手段,在二维空间(即平面)里加工、创造出静态、可感的视觉形象,以表达作者的审美感受的过程。一些理论家认为,绘画创作是一种很个性化的活动,创作过程有时很不稳定,但大多数人认为绘画创作有其一般的心理过程。

一、艺术视知觉阶段

绘画创作必须有原材料,大自然和生活就是画家进行绘画创作的源泉。绘画活动中,原材料是通过视觉器官所进行的知觉活动来获取的。绘画活动中的这种视知觉与一般的视知觉不同,它是指视觉对对象的形状、色彩、光线、空间、张力等审美属性及其所组成的完整形象的整体性把握,是一种积极的视觉思维。美国格式塔艺术心理学家阿恩海姆认为,它"实际上就是一种通过创造一种与刺激材料的性质相对应的一般形式结构来感知眼前的原始材料的活动",也即"一种把知觉特征与刺激材料所暗示出的结构相对照的过程,而不是接受原刺激材料本身的过程"。因此,在阿恩海姆看来,一片混乱的景物,"只有被看作一种由清晰的方向、一定的大小及各种几何形状和色彩等要素组成的结构图式时,它才算是被真正地知觉到了"。

学龄前儿童对绘画创作原材料的获取是通过他们的感觉器官来进行的,其中主要的是他们的视知觉。加登纳认为,个体的视知觉经历了一个从定向知觉到偏向知觉到完形知觉再到超完形知觉和符号知觉的发展过程。其中,定向知觉和偏向知觉是动物和人类的新生儿所具有的知觉能力,而完形知觉、超完形知觉和符号知觉则是人类自幼儿时期开始所特有的。完形知觉是指那种能够把对象加以组织的能力,即一种在内在需要的驱动下极力将不完美形式改变为完美形式的能力。超完形知觉是"一种能看到以某种方式所呈现的主导图像或完形之外的能力"。这种对对象的完形和超完形知觉是通过创作者内心主观的简化原则来进行的。幼儿阶段,其心理发展的一大特点就是他们的自我中心主义心理。因此,可以说,幼儿时期具有完形与超完形的知觉特点,儿童画中的透明式与展开式的画法就是这种特点的表现。

我们还可以从(图4-5)这幅图中看出儿童是怎样进行视觉思维的。这幅图是本书作者的女儿在2岁6个月时所做的再现她和她的小朋友一起坐摇船的画。从画中可以看出,像长方形又像半圆形的图形代表了摇船,两个圆各加两条人字形线代表了两个人,线条的交叉代表了两个人是坐在摇船里。我们从摇船的侧面仍然可以看到两人坐着的样子。与这幅画所要再现的复杂事物相比,画本身是相当粗糙简单的。然而,它展示的不仅是心灵对所要再现题材的完整结构特征的自由发现,还展示出她对这些结构特征在"线条"和"平面"等媒介中的结构等同物的发现。画中的摇船不是眼睛所见的摇船,而是一种支撑人体的"座架",这一"座架"与两个圆形物之间则似乎是一种支撑者与被支撑者的关系。这就是说,在这个2岁半儿童的"陈述"中,包含着种种视觉概念,它们是在直接经验的驱使下创造出来的,却又通过形状、关系和功能中的某些突出特征达到对题材的抽象性表现。因此,这幅线条画的形式,与其说来自摇船和人的个别表象,不如说来自代表"一般性概念"的"纯形状"。它展示出在一个儿童的心目中那些能代表"坐摇船"的最重要的特征——人坐在摇船里,下面有支撑物。虽然这幅画是高度概念化的,却又完全来自对感性世界的敏锐观察和解释。它对原型的某些特征做了变通,却又没有完全脱离视觉所能接受的范围。

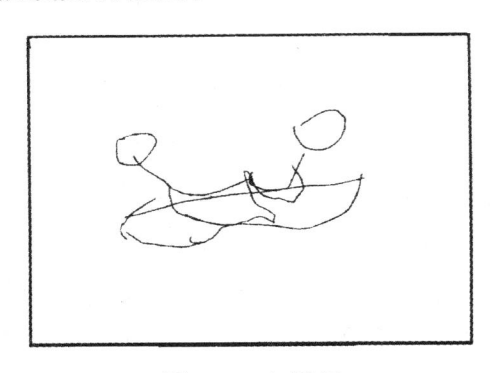

图4-5 坐摇船

二、艺术体验与反思阶段

创作者通过视知觉得来的原材料还必须进入大脑进行加工、改造,这一加工、改造过程也就是艺术反思的过程。正如霍夫曼所指出的那样,艺术反思过程包括了体验和对信息的形式分析两个方面。

自然界和社会生活是丰富多彩的,但并非人人都能体验到。格式塔心理学把视觉所经历的事物的状态分为物理镜和心理场两种。物理镜是指视觉对象的完全、纯粹的客观存在,这是每个人的视觉都能努力达到的对象;而心理场则是指人的心目中的事物状态。如果说,物理镜是一种既定的、客观的世界,那么,心理场则是充满了变异和主观化的天地,它把人的需要、兴趣、动机、能力、性格、心境等心理成分,汇入一种创造的境界。所谓"感时花溅泪,恨别鸟惊心""蜡炬有心还惜别,替人垂泪到天明""夕阳无限好,只是近黄昏"都是一种主观的意象,带有浓郁的情感色彩。鲍桑葵和桑塔耶纳把这种视觉对象的表现性质称为事物的"第三性质";利普斯认为这是"移情"的结果;阿恩海姆则认为这是"异质同构"的结果。因此,我们说,只有当个体进入这种主观化体验中时,才会出现中国传统绘画中所谓的"仁者见山,智者见水""喜气写兰,怒气写竹"的境界,也才能有强烈的创作欲望。而处于明显的体验状态中的人面对特定的视觉对象,其表象活动也会显得较为活跃,而且,表象与表象相互辉映、烘染和浸润。浪漫派画家德拉克洛瓦认为,人们在最有趣的风景前面所得到的不仅是视觉的满足,还会由这种视觉愉悦而产生各种心理表象。当个体内心的情感体验到一定的程度,即到了既有兴奋性又有"压迫感",如鲠在喉,不吐不快之时,"胸中勃勃,遂有画意",他就会产生情感表现,即借助某种物态化形式将情感传达给他人的冲动,"因而磨墨展纸,落笔倏作变相",使"眼中之竹"和"胸中之竹"变成了"手中之竹"。

第四章 学龄前儿童绘画能力的培养

学龄前儿童心理发展的自我中心的特点及其思维发展的形象性决定了他们的生活的主观化色彩。皮亚杰认为,学龄前儿童的知觉处于对自己和经验不加区分的阶段,他们觉得一切事物都与自己一样具有相同的心理(4岁以前)和认为只有活动着的对象才有生命和心理(4—6岁),在这样两个泛灵论的阶段中,他们对视觉获取的对象倾注了极大的情感。在他们看来,蓝天是白云的家、满天的繁星是万盏点亮的小灯、飘零的落叶是离开了大树妈妈的可怜的孤儿、颠簸的汽车是在跳舞。这样的体验一方面加深了儿童对外界视觉对象的印象,使心理意象更加鲜明、更加生动,另一方面也激发儿童的创作热情,促使他们从事绘画创作活动。我们在第一章中提到的一位5岁儿童所画的一幅《愤怒的爸爸》的画,就是小作者在对爸爸的愤怒有了深切的体验以后画成的。

艺术反思阶段还包括将体验过的对象作艺术形式上的分析。我们认为,新皮亚杰学派的代表人物罗比·凯斯有关问题解决的"执行控制结构"理论可以用来说明这一过程。罗比·凯斯认为,执行控制结构"是一种内部的心智蓝图,它既代表被试构思某一特定问题情境所惯用的方式,又代表他处置该问题的惯用步骤"。执行控制结构包括三个组成部分:

①对问题情境的表征,即对准备付诸计划那部分条件的表征。

②对儿童在该情境中最通常的目标的表征,即对儿童向往的,他们计划要达到的那些状况的表征。

③对儿童采用的策略的表征,即对儿童在以尽可能有效的方式将问题情境转化为向往的情境时所表现出来的一系列心智步骤的表征。

罗比·凯斯认为,这种执行控制结构不仅运用于问题解决,还运用于探索、模仿和相互调节。无论哪一种心智活动的形式,其过程基本上包含了以下四个相同的部分。

①图式的搜寻(或激活):搜寻那些可能有助于儿童填补当前问题情境与向往的目标情境之间的空隙的运算或运算顺序。

②图式的评价:是指对各个运算顺序做出评价,以确定它实

际上是否能达到既定的目标。

③图式的再标记：是指对这些特定的运算顺序再做标记，以便使它在以后能以更有意识的方式再次获得。

④图式的巩固：巩固这种新的表征，以便使之能在今后以联合的方式流畅地发生作用。

这种心智活动具体表现在学龄前儿童对表象的形式分析过程之中。首先，他们要在脑中搜寻已有的那些造型、色彩和构图等艺术语言，而这些艺术语言中一部分可能已经以同当前所知觉到的问题情境相似的方式予以标识。同时，由于美术创作是一种创造性活动，因而儿童也可能采用一种在他自己看来是有效的、非常规的、独特的艺术语言。所以，儿童把这些艺术语言表征为达到目标情境的策略，即儿童确定用什么样的造型来表现这些知觉到的形象，用什么样的色彩来表现自己知觉到的情感，用什么样的构图能使画面看上去更和谐悦目。一般来说，学龄前儿童美术创作中的反思阶段到此就结束了。但实际上，儿童头脑中的思维活动并未结束，他们还对这些艺术语言进行重新标识，以作为以后此类创作的一种流畅的策略的有机组成部分。

创作者将自己体验过的对象做了形式上的诠释以后，绘画创作就进入表达阶段了。

三、艺术表达阶段

艺术创作的最终成果是艺术作品。绘画创作者对外物的知觉和体验等，必须通过纸、笔等绘画工具和材料以及造型、设色、构图等艺术语言才能形成绘画作品。绘画表达活动在绘画创作中占有重要的地位。托尔斯泰认为艺术活动就是在自己的心里唤起曾经一度体验过的感情之后，用动作、线条、色彩、声音以及言辞所表达的形象来传达出这种感情，使别人也能体验到这同样的感情。这就是说，在绘画创作领域里，离开了绘画表达，再好的知觉与体验也得不到表现，也就无法让其他人欣赏，而只能留在创作者的头脑中。而能将自己的知觉和体验用物化的方式表达出来,这也是艺术家与普通人的区别所在。

绘画表达活动是绘画创作过程的最后一个阶段。相对于知觉活动和体验与反思活动而言,表达活动是一种操作实践活动。不同的艺术操作实践活动所采用的物质媒介和艺术语言各不相同,因此,作为艺术之一的绘画也有自己特殊的制作方法和表现手法,这对于绘画表达具有重要的意义。黑格尔对此曾有过精辟的论述,他说:"艺术创作还有一个重要的方面,即艺术外表的工作,因为艺术作品有一个纯然是技巧的方面,很接近手工业;这方面在建筑和雕刻中最为重要,在图画和音乐中次之,在诗歌中又次之。这种熟练技巧不是从灵感来的,它完全要靠思索、勤勉和练习来获得。一个艺术家必须具有这种熟练技巧,才可以驾驭外在的材料,不至于因为它们不听命而受到妨碍。"

学龄前儿童的绘画表达是他们的知觉与情感的物化形态。他们将自己对外物的知觉与情感通过绘画这种外在的符号形式传达给他人。首先,学龄前儿童在绘画表达过程中,由于受其自身肌肉动作发展的影响,他们的绘画表达在技能技巧上表现得不如成人熟练与完美,表现出一种稚拙感。然而,也正是这种纯真的童心、童趣,才使得儿童画充满了魅力。其次,学龄前儿童在绘画表达过程中,有时并不按照预想和计划来进行,而是依据自己构思与表达过程中出现的问题不断地进行调整,以致最后的作品与预先的设想不一致。

第三节 学龄前儿童绘画活动的形式

一、幼儿园绘画活动

幼儿园绘画活动有命题画、意愿画和装饰画三种类型。儿童在不同类型的绘画活动中所表现出的特点各不相同,各类型活动的内容、设计要求也不相同。

(一)命题画

命题画是指由教师提出绘画的主题和要求,幼儿按照这一要求完成的绘画。一般来说,自然景物、日常用品、人物、植物、动物、交通工具与生产工具、建筑物及简单的生活事件等都可以作为命题画的内容。命题划分为物体画和情节画。物体画的主要描绘对象是单一的物体,侧重于幼儿造型能力的培养。情节画的主要描绘对象则是一组物体及其相互关系所反映的一定情节。情节画除了培养造型能力以外,更侧重于构图能力的培养。所以相对命题画而言,情节画更为复杂些。因此,在幼儿园绘画教育中,随着幼儿年龄的增长,情节画的比重也在逐步增加。

(二)意愿画

意愿画是指由幼儿自己独立地确定绘画的具体内容、形式和表现方法,教师作为支持者协助他们完成的绘画。意愿画需要幼儿对自己在生活中的所见所闻和自己头脑中想象的东西进行独立的加工和改造,因而意愿画的主要功能在于发展幼儿的想象力和创造力。同时,由于意愿画是由幼儿自己独立创作的,所以意愿画对教师指导的要求也更高一些。

(三)装饰画

装饰画主要是指儿童运用各种花纹、色彩在各种不同的纸形上按照形式美的规律进行装饰的绘画活动。装饰画的描绘需遵守一定的规则,可提高幼儿对形式美的敏感性,促进其创造能力的发展和提高手部动作的准确性,以及养成耐心、细致、整洁、有序的良好习惯。装饰画需要在儿童视觉敏锐、动作日趋精细、空间知觉能力发展到一定程度时才进行。因此,一般从中班开始进行装饰画教学。

二、幼儿园绘画的分类

根据使用材料的不同，可将幼儿园绘画分为彩笔画、水粉画、蜡笔水粉画、水墨画、印画、纸版画、吹画、喷洒画、吸附画等。

印画包括印章画、拓印画、刮印画、合印画等形式。印章画是指用刻好的土豆、萝卜、藕等物体的切面，或用积木、笔套、牙膏盖、螺丝帽、纸团、布团、棉绳、手、脚等蘸上颜料压印、拍印在铅画纸上。幼儿要学习如何压印、拍印，如何使用颜色和布局等。拓印画是指将硬币、树叶、钥匙等有明显凸出纹路的物体放在薄纸的下面，然后用彩色铅笔在纸上来回地磨拓，拓印出纸下物体清晰的纹理秩序。幼儿要学习怎样均匀拓印等。刮印画是指用蜡笔或油画棒先涂出明快色做底色，用较强烈色做中间色，用暗色做画面统一色，再用铁笔、小刀、大头针等在上面刮出有层次的肌理和形态。幼儿要学习如何涂色、配色、刮色等。合印画是指将纸对折打开，用画笔蘸颜料，在紧靠折痕的其中一个面上画出物体形象，然后趁颜料未干时，将另一半覆盖在上面，压平后再打开。幼儿要学习如何画出物体形象、如何对印等。

纸版画是指先在一张厚纸上画出物体形象及物体的各个部分，然后把所画形体剪下并贴在另一张纸上，重叠加高后构成凹凸不平的版面，再用油墨筒在版面上滚上油墨，最后用一张宣纸或绵纸覆盖在上面，用力按压、磨平后，揭起宣纸或绵纸，即成一张纸版画。幼儿要学习如何画物体及物体各部分，如何粘贴、重叠、加高，如何滚油墨、压印等。

三、绘画教学活动的类型

(一)临摹画教学

临摹作业能帮助低年龄段幼儿了解和掌握归纳形体的能力，

提高幼儿的图形表达能力,并在临摹的过程中熟练掌握一些基本的技能,使幼儿能更快地获得成就感,提高绘画的兴趣。临摹教材的内容应是幼儿生活中的美好事物,为幼儿所熟悉和感兴趣的,有一定的代表性,并能联想开去。如画树,联想开去可以画风景;画动物,联想开去可以画动物园等。

教师应充分利用教材的"单元式"编排,使幼儿在学习过程中,对图画形象多次观察,反复描绘。随着教材内容的逐步发展,幼儿的观察力和想象力也会随之发展,描绘技能也能得到复习、巩固和提高。

(二)写生画教学

写生画可以分为写生画和默画两种。写生画要求把一组物体或一个场景画下来,宜采用如枇杷、花瓶和橘子等形状结构简单、特征明显、色彩鲜艳的物体。

默画就是让幼儿观察实物后,离开实物再画出来。在默画教学过程中,教师首先出示实物,引导幼儿观察和分析形状特征后,再拿走实物。其次,教师示范默画,画好后将画拿走,鼓励和启发幼儿默画出来。如果幼儿画不出来,可把实物拿出来,再让幼儿观察一下,等幼儿基本上画出后,分别引导重复画相同的内容或添加一些其他有关的内容。

上写生画课时,全体幼儿应面向写生对象。写生对象(实物)放在高一点的桌子上,背景用白纸衬托,使实物明显突出,让幼儿都能看到,而且基本上是同一面的形状。教学过程一般是教师边讲边做写生示范,画好后将示范画拿走,不让幼儿临摹。要求幼儿对照实物写生作画,引导幼儿养成边抬头看写生对象,边低头作画的习惯。

由实物形象变成图画形象的写生作业,是临摹作业的很好补充,通过写生画可以使幼儿比较自觉地去注意和直接去观察周围生活中感兴趣的事物。

(三)命题画教学

命题意愿画作业可以来自多种形式,如命题创作画,记忆命题创作画,听音乐、谜语、儿歌、故事命题创作画等。命题创作画作业,一般是在临摹画作业基础上进行的,基本上是历次作业画过的内容的拼凑。如幼儿在临摹画作业中,已画过玩跷跷板、大象形滑梯、树、房子、背面人、侧面人等,教师就可以命题"小朋友一起玩",要求幼儿根据自己的生活经验和认识能力,画小朋友高高兴兴在公园里玩的情景。这样的创作画,已不是一般的临摹画了,而是幼儿凭记忆的默画。经过自编情节,自己安排画面,反映了生活中的美好事物,是一个由临摹到创作的飞跃。

(四)意愿画教学

所谓意愿画是指由儿童自己独立确定具体内容、形式和表现方法,教师协助完成的绘画。由于意愿画需要儿童对自己在生活中的所见所闻和自己头脑中想象的东西进行独立的加工和改造,因而,意愿画的主要功能在于发展学龄前儿童的想象力和创造力。同时,由于意愿画是由儿童自己独立创作的,因而,意愿画教育对教师指导的要求也更高一些。

第四节 学龄前儿童绘画创作过程中各阶段的指导

一、审美表象摄入阶段的指导

审美表象是指"通过审美感知的选择作用而生成的内部观觉:它不是复现知觉印象的镜像,而是借助于想象产生的具有生成性和创造性的意象"。[1] 也即阿恩海姆所言的"心理意象",它是

---

[1] 魏传义. 艺术教育学[M]. 重庆:重庆出版社,1990.

一种代表事物的本质或代表着某种内在情感表现的"力"的图示。阿恩海姆认为,这种心理意象具有三种功能,即意象作为纯粹的记号、意象作为绘画、意象作为符号。当一个意象仅能代表某种特定的内容,但又不能反映这种内容的典型视觉特征时,它就只能作为一种纯粹的记号;当意象被用于"描绘"事物,当它描绘的事物在抽象性方面低于这一意象自身时,这种意象就成为这些事物的"绘画"。因此,作为绘画的意象,总是捕捉所描绘事物的某些有关性质(如形状、色彩、运动等),加以突出或解释,但它仍然是个别性的。当意象被用于代表一"类"事物时,它便有了符号功能,这时,它的抽象性要低于符号所暗示的事物,但这类意象仍然具有概括性,在学龄前儿童的绘画中,意象是作为绘画和符号而存在的。例如:学龄前儿童画的一位微笑着的女性,既是他的妈妈的画像,又是象征着温和、可亲等性质的符号。黑格尔的一席话可以帮助我们更深刻地理解审美表象对于绘画创作的重要性,他说:"艺术家创作所依靠的是生活的富裕,而不是抽象的普泛性观念的富裕",艺术的创造活动"首先是掌握现实及其形象的资禀和敏感,这种资禀和敏感通过常在注意的听觉和视觉,把现实世界的丰富多彩的图形印入心灵里。此外,这种创造活动还要靠牢固的记忆力,能把多种多样图形的花花世界记住"。所以,艺术创作者"不仅要在世界里看得很多,熟悉外在的和内在的现象,而且还要把众多的重大的东西摆在胸中玩味,深刻地被它们掌握和感动;他必须发出过很多的行动,得到过很多的经历,有丰富的生活,然后才有能力用具体形象把生活中真正深刻的东西表现出来"。因此,学龄前儿童绘画教育指导的第一步,就是帮助他们在头脑中储存大量的具有生成性和创造性的审美意象。

二、艺术体验加工阶段的指导

黑格尔说过,在艺术创作这种"使理性内容和现实形象互相渗透融会的过程中,艺术家一方面要求助于常醒的理解力;另一方面也要求助于深厚的心胸和灌注生气的情感",他们"不仅要看得很多,熟悉外在的和内在的现象,而且还要把众多的重大的东西摆在胸中玩味,深刻地被它们掌握和感动;他必须发生过很多的行动,得到过很多的经历,有丰富的生活,然后才有能力用具体形象把生活中真正深刻的东西表现出来"。在艺术创作中,情感起着动力性作用,它又对想象起着定向和组织材料的作用;同时情感又参与表象的内化过程。学龄前儿童绘画创作教育中,教师应重点注意以下两个方面的内容。

(一)创设宽松的心理环境

宽松的心理环境是人们专注于某一活动的前提。我国情绪心理学家孟昭兰在她为斯托曼著的《情绪心理学》中译本所做的序言里指出:"人们在知觉和记忆中进行着对信息的选择和加工。情绪和情感像是一种侦察机构,监视着信息的流动,它能促进或阻止工作记忆、推理操作和问题解决。这是因为情绪既是一种客观表现,又是一种主观体验。情感体验所构成的恒常心理背景或一时的心理状态,都对当前进行的信息加工起组织与协调作用。就情绪的适应性而言,它帮助人选择信息与环境相适应,并驾驭行为去改变环境。我们会经常感到,在心情良好的状态下工作时思路开阔,思维敏捷,解决问题迅速;而心境低沉或郁闷时,则思路堵塞,操作迟缓,无创造性可言。突然出现的强烈情绪会骤然中断正在进行着的思维加工,持久而炽热的情绪则会激发无限的能量去完成活动。"因此,教师在学龄前儿童的绘画创作过程中,要为他们创设一个宽松的心理环境,让儿童有足够的自由和信心,去主动操作,而不是畏首畏尾,胆小害怕,唯唯诺诺。

(二)创设充满情感色彩的审美环境

如果说宽松的心理环境为学龄前儿童提供了自由空间的话,那么,充满情感色彩的审美环境就为他们提供了审美空间。这种审美空间可以从以下两方面来创设:为学龄前儿童创设富有审美情感色彩的日常生活、学习环境。就幼儿的活动教室的环境而言,除了保证儿童有足够的活动空间、合乎安全原则及满足其需要以外,教师应注意室内环境的装饰与布置,色彩力求丰富,形象造型可爱,内容有情趣,符合学龄前儿童的审美趣味。

三、操作表现阶段的指导

操作表现是美术作品得以实现的必经之路。这是因为,第一,强烈的艺术审美情感都有一种必须外在化、对象化、符号化、物态化的冲动,即所谓"胸中勃勃,遂有画意"。第二,艺术的特征之一就是具有交流性,绘画作为情感的传达,必须通过一个普遍的、可传达性的中介——绘画作品,才能使不同的人得到情感的共鸣。美术是一种符号系统,创作者在借助于这一符号系统进行情感表达时,必然受制于他所使用的美术媒介。所以,操作表现阶段的关键在于美术基本技能的掌握。

所谓技能是根据所确定的目的利用已有的知识和熟练来选择和实现动作的方法。也就是说,技能标志着掌握用主体已有的知识和熟练来有目的地调节活动所必需的心理操作和实际操作的复杂系统。美术活动的基本技能的结构是一个形象记忆、形象思维的信息加工与眼、手操作(感知、表现)的协调系统。

加登纳也认为,那些已经掌握了符号系统,而又能不受其束缚的人,"易于获得最新鲜的概念,最原初的行动和最独特的情感组合"。但"如果与某个符号系统过密地统一起来,便会看不清那些没受过什么符号系统训练的人所能看出的特征"。可见造成人们有"技能阻碍儿童创造性发展"的看法的,事实上是成人在教给儿童技能过程中的不恰当的教学方法和成人对儿童的绘画中技能水平的过分关注。

四、待整理的资料

(一)学习各种绘画工具和材料的使用方法

教师给儿童提供了绘画的工具和材料以后,还要教会他们这些工具和材料的使用方法。例如,学龄前儿童学习水墨画,首先就要学习毛笔和水墨的使用方法。但由于学龄前儿童自身身心发展的水平的限制,他们的学习不可能像成人艺术家那样,要学习点、线、面、皴、擦,运笔要有方圆正侧、转折顿挫,要学习浓、淡、破、泼、积、焦、缩等墨法。学龄前儿童所学习的运笔和墨法应是那些最基本的方面。在运笔方面,他们首先要学习毛笔的握法:笔杆垂直,大拇指与食指、中指相对捏住笔杆,无名指托住笔杆,手掌握空。其次要学习舔笔和洗笔。最后要学习运笔的方法——主要是中锋和侧锋。中锋:执笔端正,笔杆垂直在纸上运行,线条稳重圆浑;侧锋:使笔头侧着在纸上运行,笔尖常在线的一边,线条变化较多。此外,学龄前儿童还需学习控制墨、色、水的分量,以形成浓淡、干湿的变化效果,但这对学龄前儿童有些困难。因此,教师可以教他们学习用浓墨和淡墨分别作画。例如:教儿童画向日葵,即可先蘸淡墨画圆形花盘,再在中心加一点略深的墨色;将笔洗净,用橘黄色画向日葵的花瓣;用略淡的墨画花杯和叶子,再用深墨勾出叶脉。待儿童经过多次的练习,掌握了一定的运笔、用墨技能后,他们就可以自如地进行水墨画的创作了。

教师在引导儿童学习使用这些绘画的工具和材料时,要注意采用适合的教学方法。可以用示范法,但要注意其后发性,即要让儿童在自己思考的基础上掌握使用方法。并且,教师示范的只是重点与难点,而不是技能掌握的全过程。教师教幼儿园小班儿童第一次学画水粉画的教学实例对我们会有所启发:教师为幼儿准备了水粉笔和水粉颜料,开始时让幼儿自由地作画,画完后,将其作品与教师的作品一同挂在黑板上。经过观察,幼儿发现自己的作品上有颜料往下淌,而老师的作品上则没有这种现象。这时教师并不道明原因,而是再让幼儿观察自己的示范过程,并在示范时刻意地夸张舔笔的动作。终于,幼儿发现,作品上颜料往下淌的原因是自己在绘画过程中没有把笔舔一舔,去掉多余的颜料。就这样,教师通过自己的示范动作,让幼儿从中认识到了为什么要舔笔和怎样舔笔,而不是机械地、直接地把舔笔的方法灌输给幼儿,后者对其发展不能起到促进作用。

(二)帮助儿童进行创造性的画面表达

画面表达是指儿童要通过绘画的工具和材料,把知觉和体验到的东西用造型、设色和构图等艺术语言表达出来。中国传统绘画理论中的"师法造化"是值得借鉴的。

所谓"师法造化"是指向大自然学习,也就是说,在学龄前儿童绘画指导中,教师可以让儿童通过写生的方式来学习。任何单独的事物、组合的事物、风景、室内环境、人物等都可以作为写生的对象。在写生过程中,需要儿童通过思考抓住事物的形的特征、色的特征及其相互间的空间关系,其中最为关键的是抓住写生对象的神韵。例如,让幼儿写生一只公鸡,教师首先可以启发幼儿观察思考:公鸡在走路的时候看上去是怎样的?引导儿童抓住"公鸡是骄傲的"这一神韵。其次引导他们思考,如何造型才能表现出公鸡的"骄傲"特征?这时教师可以引导幼儿用动作来表演出"昂首挺胸"这一神态。最后,教师可以引导幼儿观察公鸡的身体结构是"V"字形的特征,不论公鸡是怎样的动态,其"V"字形的身体结构特征是不变的。通过这样的观察与分析,儿童对公鸡的造型表现就迎刃而解了。

总之,教师应从学龄前儿童身心发展的特点出发,引导儿童从写生对象的整体结构出发,着重于事物的神韵,即对象之内在精神的表现,而不纠缠于物体的细节的精确描绘,不强求儿童的绘画表现与事物的"肖似"。

除了"师法造化"的方式,中国传统绘画理论中还提倡"传移模写"。所谓"传移模写"就是临摹。虽然对于临摹的利弊有种种说法,但我们认为,在绘画技能的学习过程中临摹是必要的;而在儿童的绘画创作中,则不必给儿童提供临摹的对象。即使要提供范画,也要注意范画的质量。

(三)诱发学龄前儿童参与绘画活动的兴趣

"兴趣是最好的老师",要让学龄前儿童绘画教育发挥应有的作用,就需要激发幼儿参与绘画活动的兴趣。在艺术创作中,情感起着动力性作用,它又对想象起着走向和组织材料的作用;同时情感又参与表象的内化过程。在学龄前儿童绘画创作教育中,教师可以从以下几方面来诱发儿童参与绘画活动的兴趣。

(四)注意感知过程中语言的引导性

教师引导学龄前儿童进行审美感知时的语言大致可以分为两种类型:

一类是启发性的语言。这类语言的作用主要在于帮助学龄前儿童开阔思路、启迪智慧。教师可以用"是什么""为什么""怎么样"这类的开放性语言来向学龄前儿童提问,而不是用"……是不是?"这类封闭性的问题来提问,因为这类问题很容易造成儿童思维的惰性。在实践中,我们有时会看到教师问儿童:"这朵花很漂亮,是不是啊?"而儿童也漫不经心地眼看着别处、拖着长腔说:"是——"这类做法应该避免。

另一类是艺术性的语言。这类语言形式多样,可以是一些形容词,也可以是谜语、儿歌、诗歌、童话等。其作用在于通过对对象的形的特点、色的特点和运动变化的特点的描述,帮助儿童把眼前的外在形象进一步地加工成完整、鲜明、深刻的视觉表象,同时也可调动儿童的审美情感,使他们能够主动地进行心理操作。例如:"火辣辣"的太阳与"暖洋洋"的太阳的描述可以帮助儿童体验夏天的太阳与冬天的太阳的不同,从而思考用什么样的颜色来表现这种差异。又如：引导儿童观察大白鹅时，教师可以给儿童朗诵一首骆宾王的《鹅》："鹅，鹅，鹅，曲项向天歌。白毛浮绿水，红掌拨清波。"不仅把鹅的形象生动地描述出来了，也给儿童展示了一幅意境优美的图画。所谓"诗中有画"即是如此。

五、绘画活动的内容

（一）认识和使用绘画工具及材料

学龄前儿童在绘画活动中要认识各种绘画工具和材料，了解其性质，并能灵活地使用绘画工具和材料。

1. 认识各种绘画工具和材料

学龄前儿童经常使用的绘画工具和材料有油画棒、蜡笔、彩色水笔、彩色铅笔、毛笔、彩色粉笔、水粉笔、排笔、印章、水粉色、水墨、油墨等。这些工具材料具有不同的性质，如油画棒的油性、水粉颜料的水性、宣纸的渗透性等。教师应该根据教育目的选择适合的工具和材料，如教幼儿学习调配颜色，给他们提供水粉较为合适；教幼儿学习图案装饰，给他们提供彩色水笔则更有利于操作等。

为幼儿提供绘画工具与材料应考虑幼儿的年龄。4岁前的幼儿以油画棒为主。这种工具的绘画效果是色彩鲜艳、线条粗犷、视觉效果好，而且这种工具适合手指肌肉发育还不成熟的低龄儿童。选择的纸张最好厚一点，如A4大小的打印纸。年龄稍大一些的幼儿，可以提供水粉颜料、调色盘等材料让幼儿画水粉画等。当然，这时需要的纸张就要再大、再厚一些，如铅画纸，大小以8开为宜。

2. 学习使用各种绘画工具和材料

绘画的工具和材料多种多样，其使用方法也各不相同。

①涂蜡法,即在画纸上先涂蜡,然后着色的方法。先用蜡笔画上物体的轮廓,并涂满所需画的部位,再上色。凡是涂了蜡的部位,仍然会显露出蜡的本色,显得既和谐,又强烈。

②点彩法。将颜色一点一点地点在画面上,使不同颜色并列在一起,产生一种跳动、闪烁的效果。彩点可以是小点,也可以是大点;既可以是方点,也可以是圆点,还可以是其他不规则形状的点。点彩法适合表现活泼、热烈的景物。

③粘彩法。即借用海绵或纸团来作画的方法。用一块小海绵粘上颜色,直接往画面上轻轻按压,就会出现许多形状不同的彩点。随着手中海绵不断改变按压的方向,画面效果则会更加丰富。此法适合表现树叶、山石草丛,用以处理画面的背景部分。

④喷水法。先将画面的颜色画好,随即利用喷壶向画面喷水,画中就会出现许多小雨点。此法表现力很强,运用得好,会十分有趣。此画法最适合表现雨中景色。

⑤洒盐法。这是一种能产生特殊效果的表现方法。先将画面的颜色涂好,在未干之际,把细盐轻轻洒向画面,待颜色干透后,再刷去未溶入水的盐末,画中仿佛有无数的雪花从天而降,效果十分美妙。

(二)认识和学习绘画的形式语言

绘画的形式语言是指绘画表现的手段,主要包括线条、形状、色彩、构图等。

六、绘画活动的一般环节

幼儿园绘画活动的课堂环节与其他类型活动的课堂教学环节相同,在结构上可以分为开始、基本、结束三个部分。开始部分的目的是激发幼儿参与活动的兴趣,引起幼儿的注意。可以采取谈话、游戏、阅读文学作品、出示直观教具等方式进行。基本部分主要是引导儿童探索工具和材料的操作技法,并进行创造性的表现。结束部分主要进行作品的展示和评价。整个活动过程应以幼儿发展为中心,以引导幼儿的感受、表达情绪情感体验为重要任务。教师不再处于核心地位,而是促进幼儿获得发展的角色,是启发者、引导者、环境的创设者,是幼儿的良师益友。

(一)选择适宜的导入方式,激发幼儿的兴趣

导入在学龄前美术教育活动中起着非常重要的作用。针对同一教学内容,教师采用不同的导入方式,幼儿在绘画过程中的兴趣、坚持度、创造性表现都会有很大的差异。如果教师能够根据幼儿的兴趣和需要巧妙而精当地设计好导入的方式,就会在顷刻间引起幼儿的活动兴趣,使幼儿迅速地投入活动中去,并产生强烈的创作欲望,创作出富有灵性的作品。

1. 直观导入

幼儿的思维具体而直观,电教手段(幻灯片、电脑制作的课件、网络上的视频资料等)和自制教具具有新颖性、趣味性、游戏性和艺术性,可以充分地调动幼儿的各种感官,促使幼儿在脑海中形成绘画的表象,引发幼儿产生奇思妙想,这是一个开启幼儿智慧的过程。

生活中,有许多事物在短期内是观察不到的。如生长的植物,我们要通过长时间定期的观察,才能了解其生长过程,建立植物生长的表象。通过录像片则可以使幼儿在几分钟内观察到植物从发芽到开花的全过程,并可反复观察,放大局部,建立丰富的创作表象,创作出许多有新意的作品。

在没有电教设备的情况下,教师可以根据绘画创作的内容,自制一些教具导入,启发并丰富幼儿的表象。例如,大班绘画活动"小鱼回家了",教师是这样导入的:

①教师出示一条大鱼,问:这是谁啊?(幼儿回答)它怎么了?(哭脸)

幼儿：小鱼，它哭了；它被别人欺负了，所以就哭了。

②教师：小鱼是生活在哪里的？

幼儿：生活在水里。

教师：可是，小鱼身边有水吗？

幼儿：没有。

教师：没有水，小鱼就没有家了，所以小鱼就哭了。

③教师：这条漂亮的小鱼没有家了，怎么办呢？（幼儿自由回答）

幼儿：我们帮它找一个家吧！

2. 谈话式导入

教师与幼儿围坐在一起，自由地说一说感兴趣的话题，教师会从中自然地了解到幼儿鲜活的生活，这些生活将是幼儿取之不尽的创作源泉。如去了玩具商店后，教师引导幼儿回忆去玩具商店的经过并可以对他们说："想一想，在玩具商店我们看到了哪些自己喜欢的玩具？它们是什么样的？你为什么喜欢它们？"同时，教师应引导幼儿用图画日记的形式记录下生活中的视觉印象。

3. 美术作品欣赏导入

欣赏美术作品对个体来说是一种和谐、愉快的探索过程。如美术教育活动"逛早市"是这样导入的：首先，利用电教或图片欣赏北宋时期张择端的名作《清明上河图》的局部，作者用精细、有力的线条再现了当时人们日常生活的繁荣景象；其次，让幼儿欣赏现代农民画画家张素花的作品《农贸市场》，农民画具有儿童画所特有的稚拙美，幼儿欣赏起来有亲切感，容易引发联想。幼儿的作品中人物形象生动，人物表情丰富而且有个性，农贸市场的场景气氛热烈，富有儿童情趣，有蹬滑轮车来市场的，有坐着轮椅买东西的老爷爷，有大声吆喝的卖货人（嘴边一连串的泡泡能生动地说明卖货人的动态表情）等。若仔细品味，幼儿还会从画面上看到很多更加丰富有趣的内容。

4. 情境导入

教师选择自然、社会生活中符合幼儿愿望与情趣的对象,借助语言、音乐、形象、情感氛围,创设多个通道作用于幼儿的感官,可以引发幼儿的共鸣,使幼儿自主地感受情境中的形象,引起参与学习活动的强烈需求。情境可以是回顾日常生活情境,或者故事情境,也可以是游戏情境。

(二)引导幼儿观察、谈论,获取事物的关键特征或者形式要素

教师将幼儿的注意力导入活动中后,可以通过谈论的形式,帮助幼儿仔细观察事物的关键特征或者形式要素,丰富其表象经验,以便将其中蕴含的艺术语言、符号吸收内化到幼儿的头脑中,甚至迁移运用到后面的创作活动中。教师可以借助直观材料,如出示范例、实物、视频资料或大师的经典作品等,引导幼儿进行有目的的观察。在观察中引导幼儿发现事物的特点和规律,为幼儿的丰富表现搭建台阶。提问也可以针对需要幼儿关注的方面进行,引导幼儿对某些形式要素进行有目的的重点观察,为后面的创作奠定基础。

下面以大班美术活动"京剧脸谱"的教学片断为例,讲解如何引导幼儿。

教师导入活动完成后,出示了实物京剧脸谱,幼儿观察脸谱,感受脸谱中色彩、纹样的夸张性和对称性。

教师:今天,老师给你们带来了一段视频,我们一起来看看,视频里都放了些什么?

教师提问:

①刚刚我们看到了什么?(孙悟空打妖怪。)这是我们平时看的动画片吗?(不是。)那是什么?(京剧。)同时出示汉字卡片"京剧"。

②刚刚我们看到的孙悟空和我们平时看到的一样吗?(不一

样。)哪里不一样?(他是一个大花脸。)你们知道大花脸叫什么名字吗?(师:它呀,有个好听的名字,叫脸谱。)(出示汉字卡片,"脸谱"。)

教师小结:我们都知道脸谱是画在唱京剧的人脸上的,京剧是我国的传统艺术,只有我们中国才有,它是我们国家的国宝,和大熊猫一样珍贵。唱京剧的人很特别,我们刚刚看的那段京剧视频,他们身上穿的、头上戴的、身上背的都和我们不一样,尤其是他们脸上画的。我们刚才说过叫什么?(脸谱。)这个脸谱这么特别,你们想不想和老师一起来探索一下脸谱的秘密呢?

(三)探索、体验操作材料和工具

这一环节是对美术操作技法或各种工具材料特性及其使用方法的探究与尝试,让幼儿在自我操作中发现问题、分析问题、解决问题。这样不仅可以加深幼儿对美术技法或操作材料的认识,而且有利于培养幼儿的主动探究精神。

在这一环节,教师要为幼儿提供与材料充分接触的机会。教师应鼓励幼儿在撕撕贴贴、拍拍打打等活动中了解工具材料的特性以及各种美术操作技法,避免用示范、讲解、演示等方法灌输给幼儿,以致抹杀幼儿的探索欲望和创造、想象能力。

在幼儿探索、发现的过程中,教师应该对幼儿进行深入观察,发现幼儿操作中的共性问题和个性问题,找到哪些问题需要个别辅导,哪些问题需要集体解决等;最后还可以进行必要的总结、提升和推动。应该注意的是,不是所有的美术活动都适于幼儿自我探索与发现,某些操作比较复杂的作画方式,如水粉脱色画、彩墨画等的制作,一些复杂的手工制作方法等,单靠幼儿自己的探索是很难出成效的。因此,教师可以采用直接示范的方法,帮助幼儿快速地掌握操作方法。

(四)幼儿创作与表现,教师指导

这一环节是幼儿将自己的经验、想法或情绪情感用艺术的手段表达出来。幼儿先进行艺术构思,然后操作,最后装饰。

在幼儿操作的过程中,要创设宽松的心理环境,尊重幼儿的创意,不要轻易打断和评价正在创作过程中的幼儿。同时,要鼓励幼儿在掌握基本方法的基础上努力创新,创作出与众不同的作品。

在创作之前,教师要交代创作的要求。帮助幼儿进一步明确创作的主题和工具、材料的使用方法。如在绘画"有阳光的树林"时,教师可以这样引导幼儿构思:"说一说你的树林是怎么画的?有阳光的树干和没有阳光的树干有什么不一样?你怎么表现呢?笔触是怎样的?"通过以上的提问帮助幼儿提炼笔触、色彩等关键要素。

教师在指导之前要进行充分的观察,根据幼儿的需要,适时介入进行指导。活动中幼儿的表现是多样的:有的幼儿画着画着就翻面重新画或去换纸,这是幼儿不自信的表现。在这种情况下,教师的支持就是最好的肯定,帮助其发现作品的优点,了解不满意的地方,帮助他们建立自信。有的幼儿表现的事物过于单一,这是幼儿对事物观察不细的表现,教师可以引导其有重点地进行观察,发现事物的细微差异。总之,指导应该是适时、适度的。

(五)欣赏和评价

这一环节是幼儿对自己和同伴作品的欣赏、评价过程。在这个过程中,应以幼儿的自我介绍及同伴的互相评说和欣赏为主,引导幼儿大胆表达自己的想法。教师通过幼儿的讲述可以深层次地解读幼儿的作品,了解他们的所思、所想;同时,借助欣赏环节,教师可以帮助幼儿总结经验、规律。

以上五个环节只是一个完整的绘画活动比较典型的组织实施过程,在幼儿园美术操作活动的具体教育情境中,教师还需要根据具体的活动内容和本班幼儿的经验水平,进行灵活多样的设计和组织。

第五节 学龄前儿童各类型绘画活动的指导要点

一、造型

造型对于美术创造是必不可少的,是创作的基础。创作能力也是实现创作的关键能力。造型如此重要,但对幼儿来讲不需要很高的造型技巧,既能进行创作,而且,在创作过程中幼儿的造型能力会随之提高。教师可以在幼儿的创作过程中对他们进行如下指导。

(一)引导幼儿观察、理解物体的形体结构

如前所述,幼儿美术创作中形象来自视觉经验,因此,对事物的外形特征的观察是造型的必要前提。但是,幼儿在感知事物时缺乏像成人那样的目的性和计划性,不能自觉地组织自己的视觉。他们往往注意整体就忽略了局部,注意了局部就忘掉了整体。有些幼儿倾向于整体知觉的,观察时表现为笼统、粗略;而另一些幼儿倾向于局部知觉,观察时表现为琐碎、抓不住要点。因此需要教师加以指导,使他们知觉到创作所需的重要信息。

(二)引导幼儿再现

很多时候,幼儿感知物体之后,面对画纸时,还是不知怎么下笔,原因是幼儿头脑中有了事物的表象,但还没有在头脑中表象依美术媒介的式样构成,并加以再现。针对这种情况,教师因采取一些方法加以引导。

根据一些教师的经验,在感知之后不能直接进入创作,而是由感知开始逐渐导入创作,其过程如下:

在观察室时,教师指导幼儿观察事物并用手轻轻抚摸它,如果是无法抚摸的物体,可以将手伸出,随着视线做想象的抚摸。

教师带领幼儿以身体动作姿态模仿物体,如果物体是静态的,就以身体姿态表示物体的特征,如高高的杨树,可以将身体做向上伸展动作;一扇小小的门,可以以身体收缩来表示。用语言描述物体的形,如"大熊猫浑身胖乎乎的,看上去像一个大皮球,它的眼睛、耳朵、嘴和四肢的毛都是黑色的,尤其是它的眼睛周围一圈黑的绒毛,就像戴着一副黑眼镜。它的眼睛又亮又圆,就像两个黑色的玻璃球;它的腿又短又粗,走起路来一摇一摆"。又如"大象有一个大大的身体,四条腿粗又粗,好像四根大柱子。大象的皮肤很粗糙,上面有一道道皱纹。大象的耳朵又大又扁,好像两把大蒲扇"。

教师可以用手在画纸上空书物体的样子。空书的动作不马虎,先从大轮廓开始,待大形象有了之后,再深入细节,让形象一点一点清晰起来,好像浮现在纸上呼之欲出。

图形拼摆。图形的拼摆有多种,一种使用纸撕出物体各个部分的形状,然后在画纸上拼摆组合。由于黏泥可以反复塑造,在拼摆的过程中,幼儿还可以改变泥的形状,这样幼儿面对的失败压力小,尝试的余地大,因此黏土拼摆也不失为一个好办法。再一种是利用废纸盒、纸筒等现成的形体建造,由于形是现成的,幼儿所做的只是选择,就降低了造型的难度。在选择时,幼儿需要发现所要再现的物体与材料形状之间的同一性,这十分有利于幼儿对物体形状的概括,同时由于造型过程的简化,可以使幼儿更集中注意于形象的整体关系。以上三种方法,既是帮助幼儿实现再现的过渡手段,其结果也可产生独立的作品。

迁移有不同的表现媒介。经过以上步骤的引导,幼儿对于物体的形体结构与造型的关系以充分把握,稍加指点就可以运用各种媒介加以表现。

教师可以根据幼儿造型能力的弱点和造型需要,有针对性地选择组合运用以上方法,不需要在一项创作中用遍所有的方法。

(三)通过系列活动掌握物体的造型

系列活动可以帮助幼儿从一件事物丰富的样式中掌握它的一般造型特点。例如:几何形是建筑物和交通工具的造型特点,可以让幼儿通过"建筑艺术欣赏""我们的幼儿园""我的家""天安门""住宅小区""未来的房子"等系列活动掌握建筑物的造型。这样,解决好造型问题,幼儿在创作中就游刃有余了,就不会因为不会描绘某个形象而使创作搁置。

二、构图的指导

构图即是根据内容的需要把有关的物体形象恰当地安排在画面上,表现事件情节、环境气氛等。教师要用形象语言引导幼儿在一个空间中进行分割、设置、布局。幼儿往往关注眼前的微小世界,零碎、显眼、敏锐、精彩的几个点。教师可从提高他们的认识能力着手,引导他们全面、整体、深入地看周围世界,让其感受世界是多维立体、精彩纷呈的,从而让画面渐渐地丰富饱满起来。

观察物体的空间关系,着眼一个"整体",大局中见"饱满",教师应引导幼儿认识物体之间的相对大小、高矮、上下、临近、分离;进一步,可以再加上内外、前后、远近等空间关系。要把这些关系放在一个"整体",布置全局。

(一)绘画构图的形式

1. 点

(1)单点

单点顾名思义只有一个点(图4-6)。

单点具有肯定的效应,它没有方向性,但具有收缩效应。当点的位置在上方时,则有重心上移的感觉,当点的位置不居中且在上方一角,则产生不稳定感。相反,点在下方居中或偏一角,则产生稳定感并使空间有变化(图 4-7)。

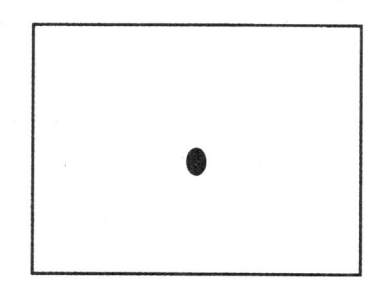

图 4-6 单点

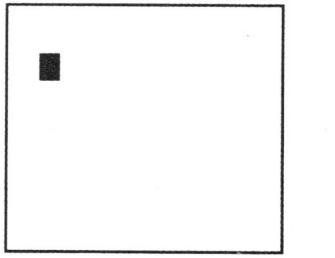

图 4-7 单点的不同位置

(2)双点

顾名思义,双点便是两个点。在同一个空间中,两个大小相同的点,具有特定的位置时,在两点间的张力作用下,人的视觉会在两个点之间来回游动,点与点之间会产生消极的线的联想,不能形成中心(图 4-8)。

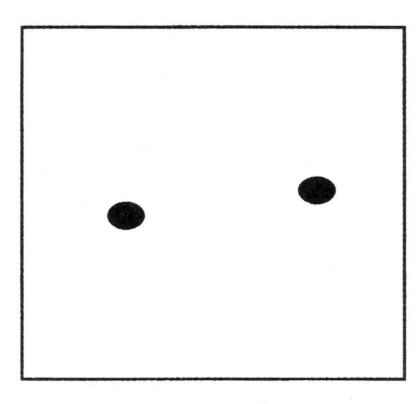

图 4-8 双点

两个大小不同的点会产生动感,这是因为人的注意力首先集中在优势或突出的一方(始动点),而后,再移向劣势的一方(终止点)(图 4-9)。

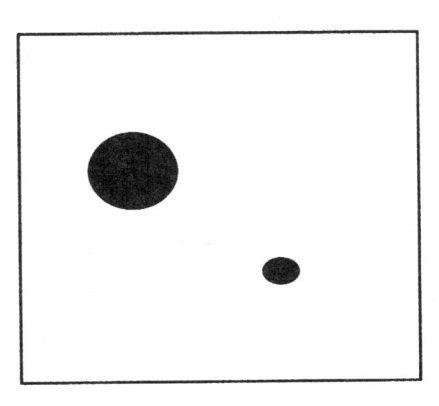

图 4-9　大小不同的点

(3)点群

点群是点的集合。

如果按方向排序、配列,则产生连续感、节奏感、韵律。五个点以上、大小相同的点,会产生半实半虚的面的效应。

2. 线

在几何学中,线是点运动的轨迹,只有长度没有宽度和厚度。

直线具有紧张、锐利、简洁、明快、刚直的感觉,从心理或生理感觉来看直线具有男性特点。

一般来讲,水平线给人以安定、稳重、平静之感(图 4-10a),使人联想到广阔的平原、一望无际的大沙漠、海平面、地平线等形象。

竖线给人以直接、明快质感,使人联想到树木、建筑物、高山、灯塔、电杆、纪念碑、钢筋等,给人以挺拔、刚直、明确、向上或下落的感受(图 4-10b)。

斜线给人以运动、不定之感,使人联想到钟摆、倾倒的物体、人的跌倒和前冲等,给人以惊险、运动、速度等感受。斜线的角度越大,动感也就越强烈(图 4-10c)。

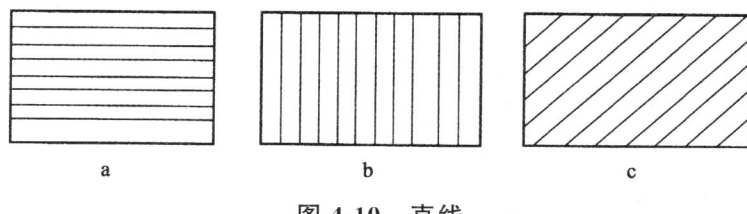

图 4-10　直线

曲线一般给人的印象是柔软、丰满、优雅、轻快、跳跃、节奏感强等特点。从心理和生理角度来看,曲线具有女性特点。

曲线分为圆和圆弧的几何曲线。圆形充实、饱满;椭圆形柔弱、刻板、单调;抛物线具有速度感、现代感;双曲线具有平衡美、时代感;变径曲线丰富充实、富于变化;S 形曲线优雅、高贵、富有魅力(图 4-11);C 形曲线简要、华丽、柔软;涡形曲线有壮丽、浑然的视觉美感。

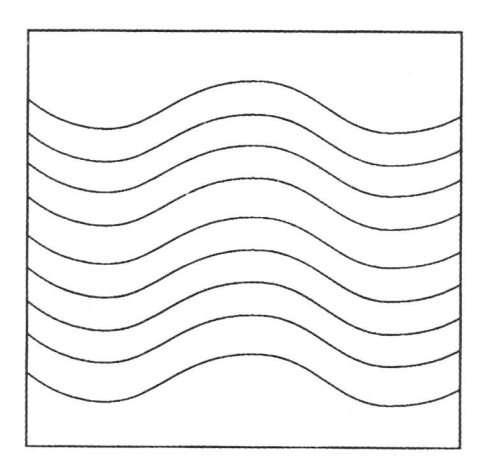

图 4-11　S 形曲线

3. 面

面是指线移动所产生的有长度、宽度的行迹。面具有开阔、深厚、坚实、稳重的特点。

面分平面和曲面两大类,前者指不同形状的平面,如长方形、正方形、三角形、梯形、圆形、椭圆形、菱形等规则和不规则平面;后者指球面、圆柱面等几何曲面和自由面。若移动的是有限长度的线段,构成的面是有限的实体,它不同于线围成的中空的面,因而是充实、稳定、闭合的面。

其中,正方形边框高度与长度相等,其视觉心理效果偏于严肃感、庄重感、大方感,但有时显得呆板。长方形边框高度大于长度,其视觉心理效果偏于崇高感、挺拔感、严峻感。扁方形边框长度大于高度,其视觉心理效果偏于平静感、开阔感、稳定感。

此外,还有一种非矩形规则形边框(某些画面的边框是非矩形的规则形),一般都是规则的对称几何形或有机形,如正圆形、椭圆形、菱形、扇形、凹形、凸形、桃形等,其视觉心理效果有整齐感、稳定感、优美感。而某些画面,四周无明确界限,无显著形状,无一定面积,是开放性的无边框画面,其视觉心理效果有宽松感、自由感、生动感。

(二)绘画构图的原则

1. 均衡变化与多样统一

(1)均衡变化

绘画中所谓均衡,平衡、适称,不是物理学的意义,而是从视觉心理学的角度出发看画面,是一种力感的平衡状态。

找到画面均衡办法可以在画面上画一个"米"字形,其中的中心点就是力感的支撑点,我们把它称为画面的几何中心,中心线则为支撑画面的重心线。此时,画面非常均衡与稳定(图 4-12a)。如果在画面的一边放置一形块,画面的重心则改变(图 4-12b)。要使其保持平衡则必须在画面的另一端加上与之抗衡的形块(图 4-12c)。

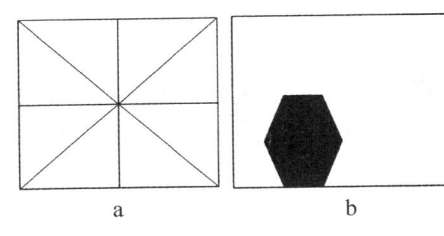

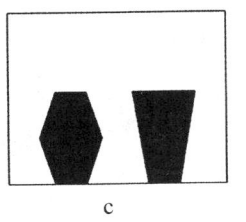

图 4-12　画面均衡

在实际构图中,如果我们只注重均衡关系,却不了解变化的作用,则会呆板、单调。因为世界上没有两样完全相同的东西,可以说在瑰丽多姿的自然界中完全均衡毕竟是相对的。因此,人们的审美心理也在保持整体平衡的基础上,寻求局部的变化或突破。因此,讲"均衡"必须求"变化"(图4-13)。

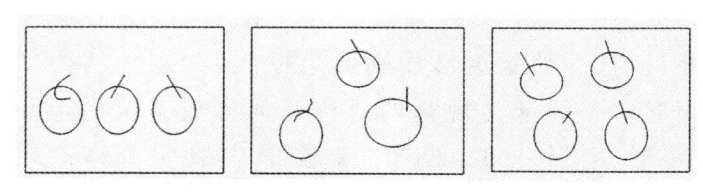

图 4-13 均衡变化

(2)多样统一

多样是指形象的样式、种类的不相同和布局的变化(图 4-14a)。

统一是集中、归总的意思,构图中所有因素符合一定的规范和秩序,即相同因素的联系性和协调性,只有这样才能产生美感(图 4-14b)。

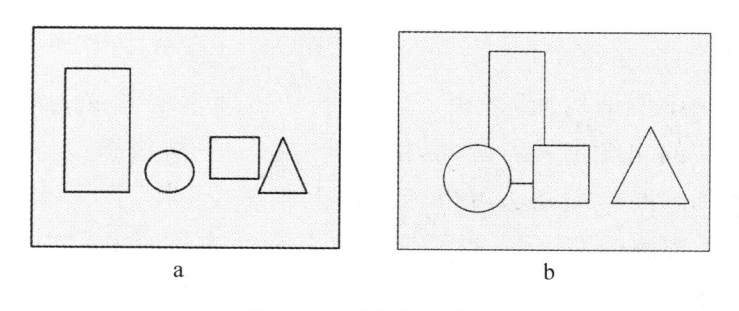

图 4-14 多样与统一

2. 对比与呼应

(1)对比

对比又称对照。是以相异、相悖的因素为组合,各因素间的对立达到可以接纳的高限度,是各种处于对立关系的视觉造型因素的并置。

(2)呼应

所谓呼应,即在种种对比关系中,使其动态、气势、神情、意韵等方面的互相关照,形成整体感。主要的呼应有内容的呼应和气势的呼应。

所谓内容的呼应是指画面之中各种形象在客观上与表现的题材、内容、环境、情节等相互呼应。

气势,就是画面构图中物象运动的走向及动势的力感。这种力感会产生运动的连贯性,也就是各种形体之间总体的动势,它决定构图的形式,有助于形成画面的呼应联系和构图的均衡美。取得气不外泄,贯运其中,处处通圆,力随势转的呼应关系。[1]

此外,还可以采用线条的穿插呼应(指把散乱的物体和形象用"线"贯穿起来)、色块与色块的呼应(例如一幅作品的黑白灰,色块的大小等穿插和连贯,要你中有我,我中有你,实现整体化)等呼应方法。

3. 节奏与韵律

绘画上的节奏,是同一要素连续重复所产生的运动感,是条理与和谐的表现,相似形结成一体的组合能形成节奏感。

韵律产生的美感则是一种抑扬关系有规律的重复、有组织的变化。

线的长短、粗细、刚柔等是构成节奏的韵律的重要因素。借助想象和联想而产生意象,主观和客观的综合产物,在把胸中的意象通过某种艺术形式使之外化的过程中,大脑里活跃着的是这个意象在时空里展开的多种特性。

可以说节奏是韵律的条件,韵律是节奏的深化,节奏与韵律冲击人的心扉,触动情感,掀起波澜,营造出情感氛围。韵律在视觉形象中往往表现为相对均齐的状态。在严谨平衡的框架中,又不失局部变化的丰富性。比如自然中的潮起潮落、云卷云舒、满湖涟漪会引起人们对一些抽象元素不同的联想:对起伏很大的折线弧线感到动荡激昂;对弧度不大的波状线感到轻快,这些联想

---

[1] 蒋跃. 绘画构图与创作[M]. 合肥:安徽美术出版社,2012.

正是韵律在人们审美意识中的影响。❶

4. 比例与尺度

比例是部分与部分或部分与全体之间的数量关系。

将画面等分（2等分、4等分等）、黄金分割等比例常作为分割画面的基准被人运用。可以说，比例就是构图的幕后支柱。

尺度是单位测量的数值概念，它规定形体在空间中所占的比例，是影响人的心理感受和审美判断的另一个重要因素。

5. 整体与局部

整体统辖局部，局部服从整体，这也是形式的重要法则。整体的形成就是要通过统一的手法，使画面形成一个鲜明的有机整体，而局部则需要变化，并且从属于整体❷。

局部在画面中不应是孤立存在的，它的形式不但是美的，同时还应与整体形成有机的联系。

三、色彩的指导

（一）鼓励幼儿观察自然色彩

自然色彩就是大自然中的色彩，指自然发生而不依存于人或社会关系的纯自然事物所具有的色彩。如薄暮的黄昏、艳阳的正午，黄色调的沙漠、蓝色调的大海，棕褐色的秋季、银灰色的冬季……自然色彩是变化无穷的，它们在昼夜、春夏等自然变更中会呈现出不同的色彩面貌。

在科学技术高速发展的现代社会，人们的视野已扩展到包括

---

❶ 陈振旺. 视觉传达设计基础[M]. 长沙：中南大学出版社，2009.

❷ 视觉的格式塔心理学表明：形态的整体大于它的局部之和。反过来也就是说，各个局部的相加并不等于整体，一加一大于二。而只有保持局部的某种程度的独立，才会形成局部的特征。

整个宇宙在内的宏观世界和微观世界。通常我们又把自然色彩归纳为动物色彩、植物色彩、风景色彩等。

人们记住孔雀一定是因为它迷人的孔雀蓝,提起老虎肯定会想到色彩斑斓的虎纹,物种繁多的动物世界给了我们一个色彩万花筒。达尔文的进化论观点告诉我们,动物的色彩与它们的生存繁衍有着密切的关系。例如,蝴蝶身上的色彩有些酷似枯叶,便于在树丛中生活,有保护自身的作用;有些色彩图案形似一对大眼睛,小鸟来啄食时乍一见,还以为是什么猛禽藏在这里,就在它迟疑的瞬间,蝴蝶已溜之大吉——这种色彩及图案为它赢得了逃跑的时间。为了和自己生活的环境相适应,动物们都穿上了色彩伪装。这些有着漂亮翅膀及花斑的昆虫(图 4-15),羽毛颜色丰富的鸟类,色泽多样的鱼类等,动物生动、奇妙的色彩及其组合,加上不同肌理的表现,给我们提供了一个学习和研究色彩的天然宝库。

图 4-15 动物色彩

人类与植物有着千丝万缕的关联,从远古时代人们食野果果腹、披树皮遮羞御寒,到用苎麻纺纱、用靛蓝草染布,植物用它的花、叶、果、茎丰富着人类的生活。当我们看到红色的木棉、梅花、美人蕉,紫色的丁香、牵牛花,粉红的海棠、荷花,黄色的迎春花、菊花……我们往往被它们缤纷的色彩所吸引。植物色彩(图 4-16),为人们的物质与精神生活提供了最直观和便捷的资源。

图 4-16　植物色彩

四季交替、日月更迭,大自然赋予人们变幻莫测的时空,于是便有了各种应时风景。人类享受着自然的恩惠,自然的风景也是最能给予人精神慰藉的。从某种意义上来说,风景与人类的生活息息相关,甚至能塑造一个民族的性情。

大自然的色彩缤纷而绚丽,赋予我们生活的热情,激发我们创作的灵感。湖水亦真亦幻的色彩随着微风吹拂,变幻莫测,大自然就是最高明的色彩大师。

(二)教会幼儿选择色彩

1. 有彩色

有彩色就是我们通常所说的色彩(图 4-17)。世界正因为有了多种多样色彩才会精彩纷呈。人们的生活与色彩有着密切的关系,由色彩造成的心理上的满足感和刺激感不断影响着人们,色彩完全融合于人们的生活中,成为现代生活的一个重要特征。

图 4-17　有彩色

2. 无彩色

无彩色是指黑色、白色以及由黑白两色相融而成的各种深浅不同的灰色。也就是说无彩色的颜色不具备色相和纯度的性质，只在明度上有变化。色彩的明度可以用黑白度来表示，越接近白色明度就越高，越接近黑色明度就越低。

无彩类色按照一定的变化规律，可排成一个系列，白色渐变到浅中灰、深灰一直到黑色，色度学上称此为黑白系列，当某一种色彩分别调入黑、白色时，前者会显得较暗，而后者会显得较亮，如果加入灰色则会降低色彩的纯度。

无彩色只有黑白的明暗变化，从物理学的角度来看，无彩色不应包括在可见光谱中，不能称为色彩，但从视觉生理学、心理学上来讲，它们具有完整的色彩性质，应包括在色彩体系中。在色彩中，无彩色在视知觉和心理反应上与有彩色一样具有重要意义。无彩类色按照一定的变化规律，可排成一个系列，白色渐变到浅中灰、深灰直到黑色，色度学上称此为黑白系列，当某一种色彩分别调入黑、白色时，前者会显得较暗，而后者会显得较亮，如果加入灰色则会降低色彩的纯度（图 4-18）。

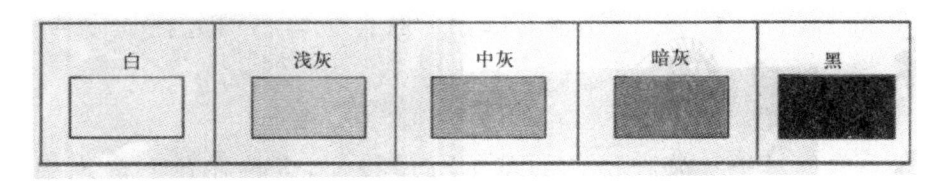

图 4-18 无彩色

灰色是由不同比例的红、黄、蓝三色的混合而成，由于各原色间的比例不等，三色中任何一色含量略有变化，混合之后的灰色也不尽相同，如可以形成红灰、黄灰、蓝灰或绿灰等各种不同色彩倾向的灰色。另外，灰色在作品中能起到协调作用。也就是说，灰色具有两重性，这是因为任何纯度再高的色彩只要沾上一点灰色就会暗淡或高雅。灰色也会被周边色彩干扰而带有一定程度的色彩倾向。这说明了灰色能与任何色彩协调相处，也可以和所有颜色互相混合。置于灰色周围的色彩多因灰色的衬托而显得饱满起来。

少量其他色彩拼混出不同灰色,使用补色不同分量比例相加也可以得到不同色相的灰色;红色和粉绿色调和可以得到棕灰色,蓝色与橙色相加是绿灰色,柠檬黄和紫色相混则为带有褐色的浓重灰色等。这些灰色比纯灰色具有更多的变化,可以根据画面色调灵活调整,不能生搬硬套、死记硬背专业色彩术语、理论和混色技能。

此外,还可以大胆尝试综合运用色彩,调配出冷灰色调、灰紫色调、暖灰色调等,形成对各类色调的控制。

(三)阐述色彩的情感特性

1. 单一色彩的情感

(1)红色

红色的波长最长,穿透力强,感知度高。

红色是最具有感情色彩的颜色。它象征热情、生命、活力、喜庆、爱情、兴奋,给人以热烈、温暖、艳丽的感觉;但同时,红色也给人以血腥、暴力、嫉妒、控制的印象。红色也容易引起视觉疲劳、紧张。

(2)橙色

橙色具备长波长温色的基本心理特征,橙色在色彩表现中较为活跃,但要理解它的特点与红色有很多不同,这一点是由于它在可见光谱中的波长范围造成的。在可见光中橙色的范围是610~590纳米。

橙色是愉快活泼的颜色,是暖色系中最温暖的颜色。歌德称有光泽的橙色为"高度的黄红色"或"猩红"。它往往使人联想到金色的秋天,丰硕、香甜的果实,给人富足、快乐、幸福的遐想。

橙色象征着热情、温暖、光明、喜悦,是一种充满表现欲、自豪感和激情的颜色,但也易给人烦恼、焦躁、疲劳的视觉感受。它介于红黄两色之间,兼具了两色的品性,既有光辉、热情、活力的色感,又具有明朗、活泼、灿烂的性格,常用于表现健康、活力之感,但有时也被视为疑惑、嫉妒的象征。

(3)黄色

在可见光谱中黄色的波长居中,人的视觉对它的感受能力最强,其明度也最高。从理论上讲,人的视觉对它细微的变化体察得最为细致。因此,黄色变化得越微妙,效果越有魅力。黄色是最能高声叫喊的色彩,它有一种与生俱来的扩张感和尖锐感。它的这一特点如与紫色配合使用,能充分地表现出较强的空间感。黄色色光在可见光谱中波长范围同橙色一样比较窄,590～570纳米。

黄色象征着光明、灿烂、辉煌,有着太阳般的光辉,是照亮黑暗的智慧之光的象征;它炫目的金色光芒,也是财富与高贵的象征(图4-19)。

图 4-19　儿童画中的黄色运用

但黄色也有病态、轻薄、颓废、虚浮、不稳重等特点。约翰内斯—伊顿(Johannes Itten)曾就黄色的效果写道:"如同只有一个真理一样,黄色也只有一种。模棱两可的真理是病态的真理,是不真实的谎言。因此,模棱两可的黄色表现为嫉妒、出卖、谬误、怀疑、不信任和错乱。"当植物呈灰黄色时,表示它已临近衰败;人呈现黄色则被视为病态;而天空呈灰黄色时,则预示风暴、雨雪或黑暗即将来临。

(4)绿色

绿色在可见光谱中位置居中,并且色相的范围相对广泛,570~500纳米,因此,它转调的余地相对较宽,易于变化(图4-20)。人们的视觉对于绿色也表现得比较适应。

绿色是轻松舒爽、赏心悦目的色彩。它象征着自然、生命、和平、清新、宁静、新鲜、朴实,给人以松弛、舒畅、安全、自由、稚嫩、青春、朝气蓬勃的感受。因此,人们将森林形容为"绿色的肺",绿色被誉为"生命之色",有益于舒缓情绪、促进休息,是理想的环境色。诗人歌德就认为绿色能给人"一种真正的满足"。但绿色也有视觉冲击力不足、略带寒性、视觉识别度较低的缺点,易给人隐藏、被动的暗示。

图4-20 绿色在儿童画中的运用

(5)蓝色

在可见光谱中,蓝色的波长比较短,在视网膜成像的角度也较浅,有一种远离观者的收缩感。

蓝色是灵性与知性兼备的色彩。它深远、永恒、冷静的色调,象征着清凉、沉着、镇定、深奥、沉思、高洁、诚实、智慧、独立,让人感到崇高、深远、纯净、透明、安定、恬静,能使人放松心境,减少神经亢奋、减缓脉搏的速度、减慢心率、加深呼吸、降低体温。

但蓝色也给人犹豫、冷漠、荒凉的感觉,它是色彩中最冷的颜色,常使人们联想到冰川和寒冷,使人们产生平静、理智、沉着、严肃、镇定的感受。

（6）紫色

在可见光谱中，紫色的光波短，且振幅较宽，人的视觉度比较低，近于非知觉性色彩。因此它的性格具有一种与生俱来的神秘感。

紫色是优雅、浪漫的颜色。它象征着高贵、奢华、优越、宁静、神秘、优雅，富有罗曼蒂克的气氛，给人以神秘、高贵、情感丰富的感受。但有时也意味着沉闷、险恶、悲哀、孤傲、消极、高不可攀，"紫色门第"便是地位和财富的象征。紫色是介于冷色和暖色之间的色彩，呈现出一种游离不定的状态，加之它的明度低，所以容易给人以消极、不安之感。紫色还具有一种怀情不遇和被爱情抛弃的伤感。

紫色以它特有的神秘感给人留下深刻的印象，但同时也形成了压迫感，当紫色以色域的形式出现时，会给人带来恐怖的视觉感受。诗人歌德曾说："这类的色光投射到一幅景色上，就暗示着世界末日的恐怖。"

（7）白色

在加光混合中，最终混合的结果是白色光，这表明了白色光中含光谱中所有的色彩。所以，白色应称为全彩色。自然之中没有纯白色，故白色应只是存在于人脑中的一种概念性元素。从现实性讲，白色只要一出现，它必将含某种色的倾向和含一定灰度，纯白是相对的，含灰是绝对的。

白色是最为含蓄的颜色，是光的颜色。它朴素、明亮、清凉的色调，象征着纯洁、神圣、善良、朴实、清白、信任与开放，给人以清静、素雅、圣洁、高尚、娇柔、轻盈、纯净、简洁之感。白鸽象征着和平，白百合则代表贞节。白色是全部可见光混合而成的全光色，明度最高，是阳光和光明之色。但白色也会使人产生空虚、凄惨、寒冷、单薄的感受。唐代诗人白居易的《卖炭翁》中便有"黄衣使者白衫儿"一说。在我国，白色还是哀丧、缅怀、悲痛的象征。

（8）黑色

在减色混合中将红、黄、蓝三原色相加，就会产生黑色，也是所有颜料混合在一起的总和。因此，黑色既可以称为无彩色，也可以称为全彩色。黑色从理论上讲即无光,只要物体的反光能力低到一定程度,就会呈现出黑色的表情。

(9)灰色

灰色是彻底的中性颜色。它象征诚恳、沉稳、考究、含蓄,给人平淡、乏味、抑制、单调、寂寞、沮丧、镇定、温和、沉默、忧郁、空虚的视觉感受。灰色的低明度、低鲜艳度,使其成为色彩中最不引人注意的颜色。人们也常用灰色来形容某人丧失斗志、失去进取心、意志不坚强等。但灰色的含蓄、柔和与沉稳在无形中又能给人以智能、成功、强烈权威的信息。

2. 复合色彩的情感

在经历着文化与消费的时代中,色彩逐渐成为人们判定厌恶或者喜好、高兴或者失落、高雅或者庸俗的心理感觉符号。不同的颜色混合给人不同的心理印象。

表4-1　在黄色中加入其他颜色产生的心理印象

	色彩感受
黄+蓝=嫩绿色	黄色中加入少量的蓝(嫩绿色),色感趋于平和、清新等
黄+红=橘黄色	黄色中加入少量的红(橘黄色),色感趋于甜美、亮丽、芳香、温暖等
黄+黑=橄榄绿	黄色中加入少量的黑(橄榄绿),色感趋于成熟、随和等
黄+白=浅黄色	黄色中加入少量的白(浅黄色),色感趋于柔和、含蓄、亲和力等
黄+绿=黄绿色	黄色中加入少量的绿(黄绿色),色感趋于朝气、活力等

表4-2　在绿色中加入其他颜色产生的心理印象

	色彩感受
绿+黑=墨绿色	绿色中加入少量的黑(墨绿色),色感趋于庄重、成熟等
绿+白=浅绿色	绿色中加入少量的白(浅绿色),色感趋于洁净、清爽、鲜嫩、宁静、平和等
绿+蓝=蓝绿色	绿色中加入少量的蓝(蓝绿色),色感趋于清秀、豁达等

表 4-3　在橙色中加入其他颜色产生的心理印象

	色彩感受
橙＋白＝浅橙色	橙色中加入少量的白（浅橙色），色感趋于甜蜜、增加食欲等
橙＋黄＝中黄色	橙色中加入少量的黄（中黄色），色感趋于舒适、明快等

表 4-4　在红色中加入其他颜色产生的心理印象

	色彩感受
红＋黄＝橘黄色	红色中加入少量的黄（橘黄色），色感趋于躁动、不安等
红＋蓝＝紫红色	红色中加入少量的蓝（紫红色），色感趋于文雅、柔和等
红＋黑＝深红色	红色中加入少量的黑（深红色），色感趋于沉稳、厚重、朴实等
红＋白＝粉红色	红色中加入少量的白（粉红色），色感趋于温柔、含蓄、羞涩、娇嫩等

表 4-5　在紫色中加入其他颜色产生的心理印象

	色彩感受
紫＋蓝＝蓝紫色	紫色中加入少量的蓝（蓝紫色），色感趋于孤独、神圣、兴奋等
紫＋黑＝深紫色	紫色中加入少量的黑（深紫色），色感趋于沉闷、伤感、恐怖等
紫＋白＝浅紫色	紫色中加入少量的白（浅紫色），色感趋于优雅、娇气、充满女性的魅力等

3. 抽象与具象情感

　　色彩的具象情感联想，据其字面意思就是由色彩的刺激而联想到的某些具体事物（表 4-6）。例如，绿色使人想起树木、草地、森林；红色使人想起太阳、火焰、花朵；蓝色使人想起蓝天、海洋；白色使人想起白云、床单。这样的联想是由色彩性质相同所产生，属于浅层的感性心像共鸣。

表 4-6　从具象和抽象划分的色彩情感联想

	具象联想	抽象联想
红色	火焰、血、太阳、红旗、玫瑰……	热情、权力、革命、危险、兴奋……
橙色	橘子、霞光、落叶、柿子……	秋天、新鲜、愉快、食欲、能量……
黄色	安全帽、柠檬、向日葵、皮肤……	希望、幸福、乐观、主义、吵闹……
绿色	树木、森林、草、蔬菜……	和平、年轻、发展、生命、自然……
蓝色	大海、牛仔裤、蓝天、冰块……	信用、冷静、冷漠、稳重、理性……
紫色	葡萄、茄子、紫罗兰……	神秘、魔术、贵族、梦幻、优雅……
白色	护士、白云、白鸽、墙壁……	朴素、纯洁、空旷、安静、简单……
黑色	墨水、煤炭、夜空……	黑暗、稳固、恐怖、死亡、沉重……

一般来说，具象的色彩情感联想更多地表现在儿童身上，因为儿童的生活阅历浅、接触的事物有限，所以他们的联想常常与身边的具体物品以及自然的景物有关系（图 4-21）。

图 4-21　儿童画

4. 色彩心理情感效应

（1）色彩的兴奋、沉静感

决定因素是色相和彩度。一般来说，红、橙、黄的纯色令人兴奋；蓝、绿的纯色令人沉静。这些色彩随着彩度的降低其兴奋与沉静感减弱。

（2）色彩的冷暖感

主要是色相的影响。色环中红、橙、黄是暖色；蓝绿、蓝、蓝紫是冷色；红紫、黄绿、绿、紫介于两极之间；白色偏冷，黑色偏暖。

（3）色彩的轻重感

由明度决定，明度相同时由彩度决定。以蒙塞尔明度轴为准，明度 6 以上感到轻，明度 5 以下感到重。

在色相环中，明度高的感觉轻，同类色和类似色之间亮的轻；明度低的感觉重。如紫色比黄色感觉重，所以白色最轻，黑色最重。轻中次序排列为白、黄、橙、红、灰、绿、蓝、紫、黑。另外，颜料中的透明色比不透明色感觉轻。明度高的色彩容易让人联想到蓝天、白云、花卉等，有轻柔、飘浮感；明度低的色彩容易让人联想到钢铁、重工业等，有沉重、坚硬感。纯度高的色彩比纯度低的色彩重。

（4）色彩的进退感

所谓前进或后退虽然是人眼睛的错觉，但在我们的日常生活中却起着非常重要的作用。图 4-22 中红色给人前进感，绿色给人后退感。

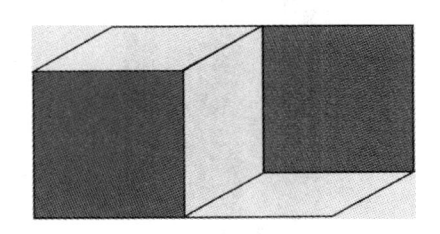

图 4-22　色彩的进退感

（5）色彩的华丽、朴素感

受彩度的影响最大，与明度也有关系。彩度高或明度高的色则呈华丽、辉煌感，彩度或明度低的色则有雅致和朴素感。

（6）色彩的明快、阴郁感

受明度和彩度的影响，与色相也有关系。高明度和高彩度的暖色有明快感；低明度和低彩度的冷色有阴郁感。白色明快，黑色阴郁，灰色呈中性。

（7）色彩的软硬感

主要取决于明度和彩度。明浊色有柔软感，高彩度和暗清色有坚硬感。明清色和暗浊色介于两者之间。黑、白坚硬，灰色柔软。

（8）色彩的胀缩感

胀缩感形成的原因是因为各种色相的波长有别，暖色波长较长，冷色波长较短，但这种区别是很小的，而眼睛中的液体将光线加以折射放大、分解，因而造成视网膜成像时，具有长波长的暖色在视网膜后方成像，而短波长的冷色在前方成像。相似的现象在自然界的实例有很多，月亮被薄雾遮挡时感觉小一些，主要是光度减弱的原因，可见胀缩感与对比条件紧密相关，色彩运用中可以通过调整各种对比关系而造成所需要的胀缩效果。无色彩的黑与白亦有胀缩差别。歌德曾测定一个放在白底上的黑圆盘看起来比放在黑底上的同大白圆盘要小五分之一。人们利用这种错觉建议体态肥胖的人穿黑色或深色衣服以显苗条些，正是胀缩的巧妙运用。

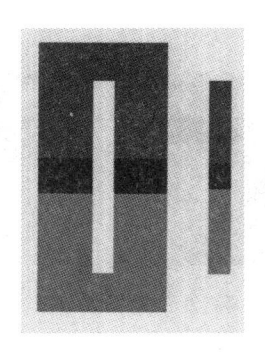

图 4-23　色彩的胀缩感

（9）色彩的强弱感

受明度和彩度的影响。低明度高彩度的色感到强烈，高明度低彩度的色感到弱。

（10）色彩的空间感

取决于色相和明度。明色有扩大感，暗色有收缩感。暖色有前进感，冷色有后退感。在立体空间中暖色、强烈的色、高彩度的色感到距离近,冷色、柔和色感到距离远。

5. 色彩通感

所谓通感,就是一种具有联觉性的效应,人们在看到不同的色彩时产生除眼睛感觉以外的联觉效应,而这些效应正是引起人们情感变化的原因。

(1)色彩与形状

色彩给形体以美丽,野兽派大师马蒂斯(Matisse)曾经说过:"如果形式是属于精神而色彩属于感觉,则你当先学素描,以厚植精神力,然后才能引领色彩进入真、善、美的意境中。"色彩通过形式直接传递情绪和精神,与形状有着紧密的联系。

对色彩与形状的联想最成体系的理论,是包豪斯教授伊顿提出的。他所著的《色彩艺术》一书对当今的色彩教育体系起到了深远的影响作用。在伊顿的理论中,正方形视为红色,红色的庄严、稳重与正方形的庄重、稳定相对应;黄色的刺激与轻量与三角形的尖锐、辐射和冲动相对应;蓝色的遥远与亲切所对应的是圆的松弛平滑的运动感(图 4-24、图 4-25)。颜色和形状的巧妙运用,会使设计创作深入人心,发挥的情感因素将起到不可替代的作用。

图 4-24　色彩与形状的关系(一)

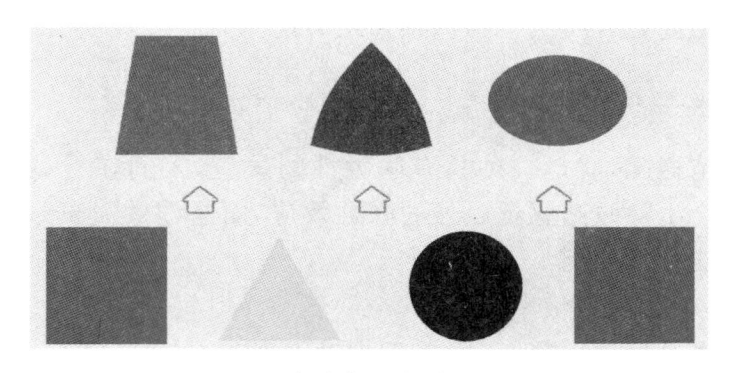

图 4-25　色彩与形状的关系（二）

日本一位学者将形的表象归纳如下：

圆形——非常愉快、温暖、柔软、潮湿、扩大、高尚

半圆形——温暖、潮湿、钝

椭圆形——温暖、钝、柔和、愉快的、潮湿的、扩大的

扇形——锐利、凉爽、轻的、华美

正三角形——凉爽、锐利、坚硬、强、收缩、轻、华美

菱形——凉爽、干燥、锐利、坚硬、强、高尚、轻、华美

等腰梯形——重的、坚硬的、质朴的

正方形——坚硬的、强的、质朴的、重的、高尚、欢快的

长方形——凉爽的、干燥的、坚硬的、强的

正六角形——不特殊

这位学者认为，形与色相结合，就某种具体感觉而言，特定的形与某种特定的色相组合，能产生某种特定的感觉，比如蓝色与菱形相结合可以产生凉爽的感觉，橙色与椭圆形相结合能产生温暖的感觉，红色与正方形相结合会产生强烈的感觉，紫色与半圆形相结合会产生很弱的感觉。

（2）色彩与味觉

食欲的产生主要是靠视觉、味觉、嗅觉的综合作用，例如中国菜就以色、香、味俱佳闻名于世。日本菜更以其精致的外观给世人留下了深刻印象。白色的盘子应放颜色鲜艳的食物，清淡的食物适合放在鲜艳颜色的盘子里。点心应选择或淡雅或浓深或形成补色关系的盘子里。用黑色碗盘装食物，因深颜色的衬托作用而能增加食欲。

红、黄色相,有很强的食欲魅力。黄色的人造奶油比白色黄油感到更美味。红色的毛蟹比白色的青蟹更能引起食欲,这些经验谁都会有的。绿色蔬菜和肉类或粉红色的火腿搭配,看上去非常漂亮而使人食欲大振。青豆、胡萝卜和番茄的色彩,也都具有衬托美味佳肴的效果。带盒饭时,如果只带肉类、海带就太单调了,如果能点缀上一个煎蛋和辣椒,会大大增加食欲。

关于色彩与味觉的通觉,我们多半是从生活当中得到的经验,虽然看到的是颜色,但也好像能感觉到味道。糕点、糖果的粉红色和乳白色、黄色的感觉是甜的;白色有时会使人联想到白糖的甜味或盐的咸味;辣椒的红色产生辣的感觉;咖喱、胡椒、姜的浊黄色产生辛的感觉;盐的明灰色、海水的蓝色是咸的感觉;浓绿的茶色、咖啡的茶色产生苦的感觉。另外,灰色也带有"不好吃的味道"的感觉,诉说"味觉很浓"和"浓的味感"的,是深色的色调,可可的褐色、葡萄的暗紫红色、橄榄的茶青色等也可说是属于浓味的深色。青绿的橄榄、青草的颜色是涩的感觉;黄绿色的橘子产生酸的感觉。可以说,大多数人表示某种味道时,用的色是基本相同的,就是该味道物的色相,或是该味道几种物的色相之综合。

在弱肉强食的热带雨林,各种生物想尽办法不被天敌捕食,其中一种办法就是通过自身的警示性保护色告诉天敌"我有毒""我不好吃"。人类也是一样,最先通过色彩考虑食物的安全性。

(3)色彩与记忆

①记忆色的选择。如果问香蕉是什么颜色的?一般人会觉得"香蕉是黄色的",这难道还有什么疑问吗?其实香蕉的各个部位都带有未熟的绿色部分,但大部分是黄色的,选择黄色容易记忆,而绿色的记忆则被削弱甚至消失了。同样,关于马的颜色也是这样的。马既有菊花青、茶褐色,又有白色、黑色,但是,在我们的记忆中,一般都认为具有代表性的是栗色。

考虑到记忆的这种功能,在为形象传达配色时,首先要懂得主色调的功能,这非常重要。另外,杂乱的多色配色也有禁忌,事实证明,尽量使色彩的形象显得单纯些,配色最好不超过两三种色。

②记忆色的衰减。有一个词叫作"记忆力减退"。心理学家柯拉认为,随着记忆痕迹的衰减,色彩的记忆也减退,明度、彩度都会下降。这似乎跟刚才所说的"香蕉的绿色部分"和"栗色的马"相吻合。

图形的边缘感觉不清的色,即沉入背景中,而记忆若是减退,才能深深地感到用简洁明了的图形来进行色彩形象传达是多么必要。

③视感度高的明亮配色更容易记忆。在大块黄色中的黑字、白色中的红字、白色中的紫红字、橙色中的黑字、黄色中的红字等,都可以说是很好的配色。

图 4-26　康定斯基作品

(4)色彩与听觉

音乐是听得见的色彩(表 4-7)。最早提出色彩与音阶理论的人是牛顿,声音和色彩都属于物理波,都必须根据物理法则产生作用,所以牛顿作为物理学家认为从 do 到 sol 的音阶和从红到紫的光谱色顺序是相同的。康定斯基也说过:"强烈的黄色给人的感觉就像尖锐的小喇叭的音响;浅蓝色的感觉像长笛;深蓝色的浓度增加,就像低音大提琴到小提琴的音效。"(图 4-26)信息技术发展的今天,电脑上的播放器甚至可以根据曲调自动生成色光并播放出来,使人们通过肉眼就可以辨识。在当今的艺术教育中,教师也常常让学生通过色彩作品来表达音乐感受。

表 4-7　色彩与声音的通感关系

	通感关系			
	纯色	清色	暗色	浊色
红(do)	吼叫、热闹	震动、轻语	低沉、嘶哑声	噪声、苦闷
橙(re)	高音、轰隆声	悠扬、明朗	浑厚、悲壮	呜咽、哄哄声
黄(me)	明快、尖锐	悦耳、哈哈声	回声、沉闷	昏沉、沙哑
绿(sol)	平静、安稳	清雅、柔和	沉静、叨叨声	低沉、阴郁
紫(ti)	哑铃、古韵	柔美、含蓄	咕咕声、喳喳声	磁性声、老人声
白	休止、肃静			
黑	沉重、幽深			

1910 年,亨利·马蒂斯创作的绘画作品《音乐》,近似于《舞蹈》这幅图的概念。《舞蹈》和《音乐》都是典型的简洁构图,强烈色彩对比与色彩流动感,达到色彩与音乐、色彩与听觉之间的关联性(图 4-27)。

图 4-27　亨利·马蒂斯作品

音乐属于时间艺术,随着时间的流动,音量的高低缓和,形成富有乐感的节奏。节奏的轻重缓急,音符的相继消失,造就了不同氛围的音乐,带给我们不同的感受。在二维平面上,色彩也可以通过明度的变化,色相的转移,对比的强弱塑造画面层次,营造秩序、节奏、韵律,将无形的感受化为看得到的形形色色。这是艺术间相通的共性。但不同于音乐的是色彩大都没有时间性,表达的节奏可以同时被我们的视线感知。

我们可以用统一的色彩控制画面,并在统一的基础上追求色与形的秩序变化。仿佛用一种主旋律来统一乐曲,其中的色彩变化如为之伴奏的乐符,相互唱和。色彩的明度、色相、面积等变化仿如乐曲的节奏高低变化。利用有形的二维画面来表现音乐的流动性,以行色的节奏和秩序来体现音乐的抑扬和顿挫,用画面的氛围来营造音乐的思想和气氛。低沉稳重的曲调:对比微弱,低明度短调;悠扬缠绵的曲调:柔顺,中明度中调;欢快轻松的曲调:明亮,渐变的节奏;雄伟有力的曲调:中纯度强对比的色彩;激烈动感的曲调:高纯度强对比的色彩;悲亢激昂的曲调:低明度高调的色彩。

色彩的音乐感是通过音乐元素视觉化来实现的。我们知道,作曲家创作乐曲即是在音符的编织中将其思想倾向、审美追求传达出来。音乐的旋律组成,调子的高低、响亮、委婉、激情、柔美,节奏的快慢都是作者精心设计的。听众对音乐的那些情调不会很陌生,他们的生活经验和音乐常识能使他们容易地接受其中的大部分东西,有些东西在他们生理上就有本能感觉。

(5)色彩与时间

对我们来说,同样相等的时间,有时会感觉过得很慢,有时则感到好像一瞬间就过去了,这其中环境颜色就会对我们的判断起一些作用。

有人做过试验,首先把1分钟的时间作为我们的主观记忆。再带上蓝、绿、红三种颜色的眼镜,判断已经过了1分钟。因为存在着个人差异,所以在测试时间的时候,至少每色要有10人以上,取其平均值。当经过1分钟时,红色组的判断为经过了1分钟,而蓝色组则长6~7秒,绿色组就更长了,约比红色组长10秒。

无论是谁都有对紧张、激烈生活的体验,但一定会随时间的推移而遗忘。对于工作紧张的人来说，最好躺在饰有柔和的绿色病房里休息，这样会感到已经休息了很长时间。相反，对于无所事事的人来说，要让他们坐在红色或橙色椅子上休息，能感觉时间过得快一些。因此，汽车旅馆或快餐的室内设备和餐具用红色和橙色系统的色彩，可加速周转，从而接待更多的顾客。

具有"快速"感觉的色相是红、橙、黄绿、黄色等，都是长波系中视感度较高的色，而高明度的色调，其速度感也会增加起来。在使人感到时间短的蓝色中，速度感稍弱。能感到"缓慢的"感觉的色相几乎是蓝绿，但是色调是很重要的，高明度色调在感觉上较快，全色相、低明度色调几乎都是缓慢的。

四、不同年龄班绘画教育活动指导

(一)内容选择

1. 物体画

儿童在物体画中表现的内容极其广泛。在教儿童学习物体画时要根据不同年龄阶段儿童的心理发展特点，特别是绘画发展过程以及教学的要求，经过分析选择后确定画哪些物体。

(1)小班

小班儿童的认识能力较差，生活经验较少，所接触的事物的范围较小。因此，小班儿童主要是画日常生活中他们经常接触的、熟悉的和最感兴趣的、轮廓简单的物体，如皮球、饼干、手帕、太阳、花、树、小鸡、小鸭、简单的房屋、汽车等。

小班儿童已经有了画出数种图形的能力。每增加一个新的图形，就多了许多种新的组合，又能变化出许多儿童所熟悉的物体。因此，儿童学会了画长方形、正方形、三角形、半圆形等基本图形时，也就初步能用图形与线条组合的方法创造图画。这时，儿童的绘画技能较差，教师应注意发展儿童的创造能力，而不是一味地强求统一,或鼓励儿童模仿教师作画。教师要注意设计那些儿童有一定知识经验、形象鲜明生动、创造余地大的内容。

(2)中班

中班儿童绘画的内容应在小班的基础上,更精确地描绘出各种物体的主要部分和基本特征,应有顺序地从较为简单的物体,通过观察转到更为复杂的物体上去。如画人物时,要求画出正面的人,还可以画狗、猫、鸡、鸭等一些家禽、家畜,画飞鸟、鱼类,画汽车、火车、轮船等交通工具,画简单的风景、建筑物等。

为中班儿童设计物体画的课题,应有顺序地从由两个基本形状组合成的结构简单的物体,转移到由两个以上基本形状组合成的较复杂的物体上去。

在开始阶段,应强调将基本部分归纳为图形。图形组合是儿童最基本的作画方法,它可以帮助儿童把握整体的形象与结构。同一个物体可有不同的组合形式。如画公鸡,可以归纳为一个小半圆和一个大半圆的组合,也可以归纳为一个小梯形与一个大梯形的组合,还有其他如三角形与半圆形、两个椭圆形的组合等。只要儿童归纳的方法合理,都应予以肯定,不必强求一致。

在儿童表现基本部分的基础上,进一步引导儿童表现出物体的主要特征。有许多物体的基本图形非常相似,甚至完全相同,但画出他们的特征后就截然不同了。

儿童掌握从整体到局部的作画方法后,可启发儿童变动组合的位置,画出正面直立和侧面直立的人物、动物,要求儿童能用不同的几何图形表现出人物的形体特征。

(3)大班

大班儿童已积累了较为丰富的知识经验和作画技能,所表现的内容日益丰富。因此,大班幼儿要学会画形体上更为复杂的物体,能描绘细节部分及各种动态,如人物、动物的不同姿势;学会画多种交通工具。

教师应为儿童选择他们既感兴趣又有一定动作要求的内容,以便让儿童学画人物、动物的简单形态。如老鹰抓小鸡的游戏、玩翻斗乐、快乐的舞蹈、运动会等,儿童主要是从直觉印象出发来画这些动态,开始可能画得不合理,但兴趣会促使他们努力观察。当他们能独立地画出一两个动态后,学习的积极性就会大增,从而使动态更为生动和富于变化。

2. 情节画

(1)小班

小班儿童的绘画主要在于培养画画的兴趣,认识基本的绘画工具和材料,能用简单图形表现物体的轮廓特征。因此,对小班儿童没有情节画的教学要求。

(2)中班

中班儿童在情节画中,主要是在画面上做简单的布局,也就是将景物都画在基地线上,并能画一些辅助物来表现简单的情节。如画小朋友时,在小朋友手中画上绳子、皮球等,借以表现"小朋友跳绳""小朋友玩球"这样一些简单的情节。

(3)大班

大班儿童的情节画的要求主要是能根据自己对生活的认识,以及把周围的实际事情作为表现题材,画出简单的情节画,如"游泳""我的玩具""我们的公园"等;也可以根据故事、诗歌等内容简单地画出情节画。随着知识经验的不断丰富,绘画技能的逐步提高,大班儿童已经产生了描绘一个事件、表达一定情感的愿望。因而,大班儿童的绘画活动可侧重于情节画教学。在为大班儿童设计课题时,可从描绘儿童所熟悉的生活中的一些事情着手。

在表现较复杂的空间关系的物体时,儿童常用透明的方式加以表现。因此,教师可以引导儿童通过实际观察,注意表现物体之间明显的重叠关系。

经过一段时间后,大班儿童已能独立地构思画面,表现简单的情节。此时,教师可为儿童设计一些连贯地表现情节发展过程的课题,并结合儿童的生活实际设计课题。儿童喜欢听故事和童话,也喜欢听儿歌,由于故事、童话、儿歌中的人物、动物有着鲜明的个性特点,情节生动有趣,容易激发儿童的表现欲,因此教师应为儿童设计一些表现故事、儿歌内容的情节画课题。

3. 意愿画

(1)小班、中班

对于小班和中班的幼儿来讲,意愿画的开展要根据幼儿的兴趣和表现能力来实施,他们主要就是在画好的图像上添加一些其他形象。

(2)大班

大班的学龄前儿童在独立思考能力上已经有明显增强,所以他们的意愿画可以适当扩大内容,包括他们看到的、听到的、梦到的事物都可以纳入其中。

4. 图案装饰画

由于小班儿童认知和动手能力的限制,很少开展图案装饰画学习。图案装饰画的教学,主要从中班开始。

(1)中班

中班儿童主要学习一些比较简单的图案花纹,如小花朵、小树叶、小圆圈等,能用对比色涂出鲜艳、美观的画面。为中班儿童设计图案画课题时,主要侧重于纹样的变化,色彩应简洁、鲜明。开始时可设计一些"画花边"的课题,让幼儿用简单的花纹装饰长方形纸,然后纹样上的变化应由简到繁、由易到难。最初可用一种花纹、一种颜色装饰;之后逐渐增加难度,如用两种花纹、两种颜色装饰等。经过一段时间后,可为儿童设计画"花手帕""花台布""花围巾"等课题,让儿童在正方形的中心、四角、四边进行装饰。

在色彩的使用上,不要同时使用过多的颜色,以免造成画面色彩的混乱。根据儿童颜色视觉发展的特点,可选择2～3种对比度较大的颜色,让儿童学习色彩的装饰。

(2)大班

大班儿童除了运用中班学过的知识、技能外,还应学习一些简单的、具有民族特色的花纹,并能用同类色或近似色装饰画面,使画面层次清楚、色彩和谐。

教师还可以为儿童设计一些在日常生活用品纸形上装饰图案的课题,如装饰小花伞、衣服等。教师要指导儿童根据实物的特点进行装饰,如装饰毛衣,可在领口、胸前、袖口处用花纹进行装饰,如在扇形的扇面上、单色雨伞的伞面上进行装饰。

(二)指导要点

1. 物体画教育的指导要点

物体画教育的指导要点主要围绕以下几个方面进行。

第一,引导幼儿进行观察。观察是幼儿表现物体特征和形态的重要基础,所以,教师要引导他们观察事物的形状、结构、大小、颜色等。

第二,帮助儿童掌握物体造型。这种造型的掌握通常靠教师通过系列课题来实现。

第三,引导幼儿运用恰当的方法来描绘物体。所谓恰当的方式主要是指涂染法和线描法,通常来讲,线描法更适合年龄更小的幼儿。

2. 情节画教育的指导要点

情节画的指导主要围绕以下几个方面进行。

第一,引导幼儿感知物体间的空间关系。空间关系的把握可以采用欣赏绘画的方式来阐明远近关系、色彩关系、大小关系等。

第二,引导幼儿突出绘画主题。绘画主题不仅体现在物体的位置关系上,也体现物体的颜色设置上。

第三,引导儿童经过多样化的练习来学习画情节画。在此过程中,教师可以用添画、故事画、日记画、情境探索画等形式来开展,从而发展幼儿的想象力和创造力。

3. 意愿画教育的指导要点

意愿画的指导重点遵循幼儿的身体和心理特点,让他们自己去探索,同时,教师也应该对他们的绘画有一些更高的要求,要使他们能够达到一定的教育目标。

4. 装饰画教育的指导要点

教师在指导装饰画的过程中要注意以下几点。
(1)通过欣赏的形式帮助儿童理解装饰原理

装饰画是一种规律性较强的绘画形式,理解这些装饰原理,有助于学龄前儿童的装饰画的实际操作。

教师可以通过欣赏的途径来帮助儿童理解形式美与装饰形式:

①在日常生活中观察欣赏自然界中自然物所生成的装饰美。例如:人所具有的对称性、红花绿叶所具有的对比性、水波纹所具有的节奏与韵律等。

②在日常生活中观察人造物品的装饰美,如衣服、围巾、手帕、床单、糖纸、地毯、花伞、脸盆、花瓶、碟子、地砖等的装饰图案。

③教师引导儿童欣赏专门的图案装饰画。

在这些图案原理的学习中,教师首先应注意,所选取的内容应该具有典型的装饰美,每次学习的内容应集中在一个方面,以给儿童留下一个深刻的印象。其次应注意儿童的年龄特征和实际水平,用浅显易懂的语言来引导他们学习一些知识与原理,切忌生搬硬套深奥的、专业的装饰术语。例如:图案花纹的变化规律之一——夸张法的学习,就不必告诉儿童"夸张法是指一种对物象的外形特点、神态、习性等进行适度的夸大、强调,使其形象特征更能显示出形式美的手法",而只需用实际的事例分析,如外形处理上圆的更圆、方的更方、胖的更胖、瘦的更瘦、大的更大、小的更小,通过这样的解释让学龄前儿童逐渐理解什么是图案装饰花纹的夸张。

(2)注意学习的循序渐进性

由于装饰画的规律性较强,因而教师在引导学龄前儿童学习过程中应注意学习的循序渐进性。这种循序渐进性不仅表现在学习方法上,而且表现在学习内容上。

在学习方法上,教师可引导儿童先进行欣赏,多看多接触,形成对图案装饰美的感受力,同时在头脑中形成大量的表象,初步认识图案装饰美的规律。其次,教师可以引导儿童进行盖印章、贴树叶、折叠染纸等游戏活动,用这种方法让儿童体验图案装饰的法则,也即体验对称与均衡、对比与调和、节奏与韵律、连续与反复的运用。在这些活动的基础上,再让儿童进行图案装饰画的创作。

在学习内容上,图案花纹的学习可以从简单的点开始,然后过渡到线和简易的几何图形(如长方形、正方形、圆形、三角形、菱形等)的学习,最后学习一些自然界的花草、树木、虫鱼和具有民族特色的花纹(如螺旋纹、羊角纹、云头纹、回纹等)的学习。

图案纹样的组织形式可以是独立的,也可以是连续的。连续纹样中,可以先让儿童学习二方连续,即以一个单位纹样为基础,向任何两个相反的方向连续排列的形式。二方连续只涉及两个方向,因而相对容易掌握。在此基础上,再引导儿童学习四方连续,即以一个单位纹样为基础,同时向上、下、左、右四个方向重复排列的形式。

在纹样组织的基础上,教师引导儿童学习整个画面的构图。要求学龄前儿童掌握的装饰画构图通常为格律体构图。这种构图形式要求花纹排列的位置、距离、色彩等都是对称的。教师可让儿童先装饰规则的纸形(长条—长方形—正方形—圆形—三角形—菱形),然后装饰不规则的、复杂的生活用品纸形(如花瓶、毛衣、裙子、手套、面具、拖鞋等)。

在图案色彩的学习上,教师可以先通过欣赏引导儿童学习什么是对比色(指不含有共同色相的诸色)、什么是同种色(指色相相同而明度不同的诸色)、什么是类似色(指含有共同色相的诸色)。然后学习图案色彩的配置方法,即同种色的配置、类似色的配置、对比色的配置。例如:当儿童初次进行图案色彩配置时,教师可给他们提供两种鲜艳的对比色,通过醒目的画面对比引起儿童对色彩配置的兴趣。然后教师再引导他们学习同种色与类似色的配置。当儿童掌握了图案色彩的配置的几种基本方法后,教师就可以给儿童提供多种颜色,让儿童自由地选择配色。在儿童独立配置色彩时,教师要引导儿童注意两个方面:一是背景色与对象色在明度上要有层次;二是要有主调,包括色相上的暖色调和冷色调、明度上的明色调与暗色调、彩度上的艳色调与灰色调。以上两方面内容的掌握要通过教师的讲解和儿童自身的感受和练习来获得。

(3)避免重技法轻创造的做法

由于图案装饰画有较强的规律性,教师在教育过程中往往容易把注意力放在装饰规律和技法的传授上,而忽略儿童的创造力的培养。这种做法是欠妥的,它违背了学龄前儿童美术教育的根本宗旨。我们认为,教师对于装饰规律和技法的讲解应该简明扼要,允许儿童在掌握装饰规律和技法的基本精神的前提下有所发挥,逐渐形成图案装饰的迁移能力,使自己的装饰能力得到进一步的提高。

第五章　学龄前儿童手工制作能力的培养

学龄前儿童手工制作能力是学龄前儿童诸多能力发展的重要环节之一。儿童的手工能力培养，是教师引导儿童发挥自己的想象力和创造力，直接用双手或操作简单工具对各种形态的、可变材料的加工、改造。学龄前儿童的手工活动具有自身的特征，需要教师根据不同的类型有的放矢地进行指导。本章将重点对有关学龄前儿童手工制作的多个知识点展开论述。

第一节　学龄前儿童手工制作能力的发展

一、儿童手工制作能力的发展阶段

(一)2—4岁时期的发展

这个时期的幼儿手部肌肉的发育还不够完善，且认识的能力也相当有限，手工活动并没有一个明确的目的，仅仅是一种纯粹的玩耍活动，所以，这个时期也叫作无目的活动期。

这个时期的幼儿还不能理解手工工具与材料的性质，还不能正确地使用手工工具与材料。他们只是出于好奇与好动的本能，对手工制作所用的工具、材料具有一定的兴趣，有时还会引起自发的游戏活动，产生了目的不是太明确的模仿行为，这是幼儿学习手工活动的开始。

这个时期的儿童，在泥塑活动过程中还不能有目的地制作出事物的形象。他们只会毫无目的地利用手去拍、抓，或将泥掰成一小块一小块的形状，将泥当作一种玩具而已，只是觉得它与其他的东西不一样，至于要做出什么，他们通常很少去考虑。到这一阶段的后期，儿童就可以使用油泥团出圆球了。

在剪纸活动中，儿童在一开始并不知道剪刀的用途，看到剪刀之后会感到好奇，想要玩耍。渐渐地，在成人的指导之下，会用手去拿剪刀，但是还不会正确地使用；纸与剪刀之间还不能很好地配合，纸张往往会被绞在剪刀中；即使是剪出来了，也是一些十分奇形的图形，而不是想要的形状；很少有独立创造的造型，绝大部分都是以模仿为主；可以根据一定的顺序与方法来完成操作。后期儿童就可以剪出一些基本的形状，如圆形、三角形、半圆形等，并且还可以用这些图形进行简单的拼贴，形成一定的动物形象，如毛毛虫、瓢虫等（图5-1）。

图 5-1　瓢虫

在撕纸活动中，初期的儿童还不会撕，双手之间不能做好力的协调，如果成人帮助他们撕开一个小口的话，他们就可以自己撕成小块；到末期的时候就能撕出一些简单的形状，如三角形、正方形等。

在粘贴活动中，儿童往往会不注意图形的正反面，拿起纸就去抹胶水,往往抹到有图形的一面;他们也对胶水的用量没有概念,有时抹得太多,有时则会抹得过少;在将图形往纸上贴时,有很多孩子不会去考虑粘贴的顺序与位置,所以,贴出的图形往往会主次位置颠倒,画面极不协调。

总而言之,这一阶段的儿童还没有表现的意图,只是满足于手工操作的过程,享受着自主活动的愉悦感,体验手工工具与材料所具有的特性。

作为指导者,教师应该为这个阶段的儿童手工活动创造机会,为他们提供安全、卫生的操作工具与材料。需要注意的是,在泥塑手工活动中,教师(家长)不能由于黏土会弄脏衣服就不让或很少让儿童实际去操作;剪纸时,应该给儿童提供一种专用剪刀及厚度适中的纸张,同时引导他们正确地使用剪刀,以及掌握相关材料的使用方法。

(二)4—5岁时期的发展

4—5岁时期的儿童,开始从无目的动作逐渐发展到有意图的尝试中来,这个时期被叫作基本形状期。

这个阶段的儿童通常都具有十分明确的制作意图,他们往往在制作开始时就宣称要做出一个什么物体,之后才着手进行制作。在泥塑活动中,幼儿可以团制圆形、压扁、捏细长条等多种形状,并且还能把这些图形组成平面图形及少数的立体图形;可以塑造出物体的基本部分及其主要特征(图5-2)。但是,由于这个时期的儿童手部动作的发展仍然还不够完善,所以还不能很好地去表现物体的细节。

在纸工活动中,幼儿可以把纸对折,还可以剪出两边对称的图形;能用目测剪(撕)出直线、弧线等。但是,他们制作的作品通常都十分粗糙,如折叠得不太平整,撕、剪出的物体轮廓较粗糙等;这个时期,儿童已经能用单张纸简单地折叠、对边折、对角折等;可以将纸工和绘画相结合,创作想要的作品。

在废旧材料的制作中,可以利用现成的废旧材料经简单的加工而制作出手工作品。但是因为这个时期的儿童还不能熟练地运用各种手工制作技能，所以制作出来的东西很显比较简单、粗糙。

图 5-2　少儿泥工作品——花猫

(三)5—7 岁儿童手工发展

这个时期，儿童的手部精细肌肉得到较快的发育，与手眼的协调能力得到增强，同时还学习了一些相对基本的手工工具和材料的使用方法，所以他们的表现欲十分强烈。他们喜欢用各种工具与材料进行制作，并把这些物体的形象组合成具有一定场景（情节）的场面。

在泥塑活动中，幼儿已经可以灵活地运用各种泥塑技能，除了掌握团、搓、压、捏等比较简单的技能之外，还逐步掌握了拉、雕塑等一些相对较复杂的技能。这时，他们已经能够制作出具有一定特征与细节的物体，如给"小女孩"穿的"裙子"用小豆子、瓜子等进行装饰。

儿童不但能较为完整地表现出物体的主要部分，还可以借助辅助工具来表现物体的特征与细节。方法一是通过在物体的主干部分增加若干细小的部分，如捏出小鸡、小鸭的嘴（图 5-3），用绿豆等给动物增添眼睛等；方法二就是要通过在物体的主干部分刮或者挖的方式去表现低凹的部分,如使用牙签给人物刮出眼睛、嘴巴等。

图 5-3　儿童泥工作品——鸭子

在纸工活动中,幼儿已经可以折叠并剪出各种造型的窗花。手和纸的配合协调能力也得到进一步提高,能自如地运用剪刀自剪自贴,而且剪出的图形边线比较光滑、整齐。幼儿还可以塑造出动作、姿态各异的形象,并组成富有一定情节的画面。

幼儿不但能够用单张纸进行简单的造型活动,还可以用两张甚至多张纸折叠成立体的、简单的组合物体造型。粘贴时可以用很细小的物体,如豆子、碎鸡蛋皮等进行组合,塑造物体的造型。

在利用乒乓球、纸盒等材料塑造立体造型的时候,这个阶段的儿童不但可以通过剪、挖、粘贴等技法对自然材料与废旧材料操作,还可以对作品进行细节上的装饰,如为作品着色,追求更为完美的立体表现(图5-4)。

总而言之,对于这个阶段的幼儿手工制作活动,教师应该注意为他们提供丰富的手工工具与材料,并且还要引导他们正确地使用这些工具与材料,鼓励他们采用不同的方法进行制作、表现,进而提高幼儿的创造能力。

图 5-4　儿童立体作品

二、手工活动的教育内容

手工活动主要包括两个方面的教育内容：一是认识各种手工工具与材料；二是学习各种手工材料与工具的制作方法。

(一) 认识各种手工工具和材料

幼儿手工工具主要有剪刀、尺子、笔、夹子、泥工板、胶带、切片刀、订书机、胶水等。手工活动的材料主要有纸、布、线类、泥类、竹、木类、石、金属皮、丝、塑料类；其他材料，如自然物的叶、茎、干、根、花、果实；农作物副产品，如籽粒、棉花等；动物加工的副产品和边角料，如各种贝壳、毛、骨等；无毒无害的废旧物品，如家电包装的盒子、纸筒、纸袋等。按照材料的不同使用方法，可将材料分为点状材料、线状材料、面状材料和块状材料。

点状材料——主要有珠子、纽扣、果仁、瓶盖、豆子、石子、沙子等。点状材料可用于作品完成后的装饰，也可通过串联、拼贴、镶嵌等方法制作成平面和立体的作品。

线状材料——主要有绳子、线、纸条、橡皮筋、吸管、树枝、电线等。线状材料可通过编织、盘绕、拼贴、插接等方法来制作成平面和立体的作品。

面状材料——主要有塑料片、纸、纸盘、布、花瓣、木板、树叶、平面玻璃、铁片等。面状材料可通过撕、剪、折、卷、粘贴等方法制作成平面和立体的作品。

块状材料——主要有各种材质的盒子、瓶子、球体，还有水果、蔬菜、泥块、石块、纸杯等。块状材料可通过塑造、雕刻、组合、挖、剪、拼接等方法制作成立体的作品。

(二)学习手工材料的基本制作技法

1. 泥工材料的基本制作技法

①团圆。将泥放在手心中，两手配合着来回转动团成球状物，可制成苹果、小球、珠子等泥工制品。

②搓长。将泥放在手心中，两手合拢，前后搓动成圆柱形，可搓成面条、麻花、胡萝卜等泥工制品。

③压扁。将搓成的长条或团成的球状物，放在手心中，用两手掌拍压，可做成饼干、花卷、车轮等泥工制品。

④捏。用拇指和食指互相配合进行捏泥，可以捏出物体的细节部分，如捏动物的耳朵、嘴巴以及器物的边缘等。

⑤挖。将初步制成的物体用手指按压成小坑，或用工具将中间泥挖去，可制成水果、碗、盆等泥工制品。

⑥分泥。用目测方法将大块的泥按照塑造物不同比例的需要，分出大小不同的泥块，然后进行塑造。

⑦伸拉。从整块泥中，按照物体的结构伸拉出各部分。

⑧嵌接。将团、搓、捏、拉出的物体细部用连接物组合成一体的方法。嵌接有粘接和棒接两种。若嵌接的物体上半部分较重时，必须用棒接。

2. 纸工材料的基本制作技法

①对边折。将纸相对的两边对称折叠。

②对角折。将纸相对的两角对齐折叠。

③集中一角折。先将纸对角折出对角线,再依据对角线将相邻两边向中心折叠。

④四角向中心折。将纸对角折两次后,找出中心点,再将四个角分别向中心点折。

⑤双正方形。将纸先对边折,再根据中线,一角向前、一角向后折成三角形,再从中间捋开、压平。

⑥双三角形。将纸先对角折,再根据中线,一角向前、一角向后折成正方形,然后从中间捋开、压平。

⑦双菱形折。先将纸折成双正方形,再依据中线,将开口端的四个边向内折叠,然后向下拉成菱形。

⑧组合折。由数张纸经过相同或不相同的折叠后,形成几部分物体形象,再将它们衔接起来,构成更复杂的造型。宝塔、水桶的做法即组合折的具体运用。

3. 剪的基本技法

①目测剪。这是儿童用目测在没有任何痕迹的面状材料上剪出形象的方法。学龄前儿童用目测方法剪出的形象大多是一些具有简洁轮廓线的物体。

②沿轮廓线剪。这是儿童根据已有的轮廓线来剪出所需形象的方法。轮廓线可以是纸上已有的,也可以是教师或儿童事先在纸上画好的。

③折叠剪。这是将纸经折叠后剪出所需形象的方法。

4. 撕的基本技法

撕也有目测撕、沿轮廓线撕和折叠撕三种,基本方法同剪。

5. 粘贴的基本技法

①图形粘贴。把从图书、杂志等上面剪下的实物图形,经过重新组织,拼贴成画。

②几何图形粘贴。用色纸剪成大小、形状不同的几何图形，拼贴出新的图像。

③自然物粘贴。把各种植物的叶子或其他废弃物，如蛋壳、瓜子壳等，粘贴在衬纸上，形成新的图像，或拼贴成画。

6. 废旧材料的制作

①串联。从物体的中间穿过。
②弯曲。将纸卷曲。
③连接。用糨糊等将物体连接。

第二节　学龄前儿童手工制作的心理过程

通常来讲，手工创作的过程往往包含三个阶段：意图、构思与设计、制作和装饰。它们不但各具特点，同时还相互联系。其阶段的数量、先后的顺序又会因手工制作者的年龄及具体的操作而呈现出一定的差异。但是从普遍意义上来讲，手工创作的过程大体上包括下列三个重要阶段。

一、意图阶段

意图即动机，就是指制作一件手工作品的主要目的是什么。例如：是出于对明确目的的需要，还是出于对物质材料的兴趣？是制作一件实用物品（如编制一只竹箩装东西），还是制作一件观赏品（如塑造一个泥人，放于玻璃柜中供欣赏）？总而言之，只有形成了自觉的创作意图，才可以进入具体的酝酿构思阶段。所以，意图的出现不但是创作的重要前提，还是创作的开端。创作的目的不同，制作过程的其他环节也会有所不同。学龄前儿童手工制作的意图，和成人的意图之间存在较为明显的区别。

学龄前儿童的手工制作意图分为自发型与诱导型。学龄前儿童早期的手工制作的意图大多是自发型,而且其手工制作只是为了玩耍。例如:儿童在拿到了一张纸之后,将它撕成了纸条、碎片等,原本他并没有想要用纸做东西,只不过是出于好奇而撕纸,撕纸的形状、声音的变化,使他们产生了极大的兴趣。这就是学龄前儿童手工制作的最初动机。至于接下来在游戏中将纸的各种形状作为其他事物展现出来,那是他们联想命名的结果,并不是起初制作的直接意图。因此可以这么说,这个阶段的儿童仅仅是对手工制作的过程本身具有一定兴趣,并没有想要达到一个预先的目标。

随着教育的不断深入,学龄前儿童在手工制作中逐渐加深了对手工工具与材料的了解,学习手工制作的多种创作技法,他们的手工制作也逐步由模仿走向了独创,其手工制作的意图变得更加明朗,从无目的转向了有目的。儿童在从事手工活动之前,能够事先想好要做什么,之后再动手去制作,表现出儿童的一定意图。

二、构思与设计阶段

构思即是立意、创意,主要指在头脑中通过想象与思考,对手工作品的造型、色彩、性能等各个构成因素及相互之间的关系,以及与手工作品本身相关的各种外部制约条件进行全面的计划和思考的过程。这是一种实现创作意图,开辟创作之路,又支配创作过程的形象思维活动,也是作为手工创作关键环节的心理过程。

在构思中,第一步就需要考虑手工作品的具体用途,即是实用的还是装饰用的,是作为玩具玩耍的还是用于其他目的的。也就是说,构思一定要以意图为其依据。例如:手工作品是以商品的形式出现的,那么,在构思中,制作者就需要考虑经济、实用、美观的商品设计原则。

第二步,就是要对所要创作的新形象进行内在的加工。和我们在绘画创作中所提到的比较类似,手工制作构思中的这一步其实也是采用了罗比·凯斯所提出的"执行控制结构"进行问题解决的重要过程,也就是进行图式的搜寻、评价、再标记以及巩固。在手工制作活动过程中,图式即为表象,它能够起到举足轻重的作用。具体而言,构思的这一内在加工分成了三个重要环节:一是选择形象、捕捉形象,即制作者在头脑中搜寻、选择已存在的表象,将它们作为创造新形象的重要依据。二是对这些已经选好了的表象进行造型、色彩等诸多方面的加工、改造和重组,在脑中呈现出一个初步完整的新艺术形象。在这个过程中,也有可能同时出现其他的设计方案。三是通过做比较,筛选出一个最佳方案。如此,就有了构思形象转化成可视形象的重要基础。

因为材料是构思、设计得以物化的重要基础,不同的物质材料的工艺性与审美特征也会不同,可以适用不同的造型要求,所以,构思的第三步就是要考虑选用哪种材料,如何运用这些材料,"因意选材"和"因材施艺"都是和材料相关的艺术构思的重要原则。

(一)因意选材

"因意选材"一方面反映出了材料的选择和使用受制于意图和构思,另一方面也反映出了意图和构思的准确而充分的表达必须要以相应的材料为依托,二者都是相互依存的关系。例如:要进行染纸的操作,其材料则需要选用吸水性较强的纸张(如生宣纸类)以及水性染料等。

(二)因材施艺

"因材施艺"的构思原则和"胸有成竹""意在笔先"的创作方法相比,其思维方式有所不同。"因材施艺"是逆向的思维方式,就是通过对一个抽象的形体、痕迹联想到一个具体事物,并且创造出这种形象来。这种现象表现为"借迹造型""借形造像"等多种形式。这种思维方式在民间传统工艺品的创作构思中占有极为重要的地位。例如：玉雕中的《龙盘》《虾盘》等，就是利用了玉石中像"龙""虾"的瑕斑磨制而成的。再比如根雕艺术中也有不少是"迁想状物""借形造像"的艺术典范。将竹根的根须联想为老年人的胡须，稍做加工之后，就诞生了一位大胡子老人(图5-5)。

图 5-5　竹根雕——老人

以上两例充分说明了材料与手工创作的密切关系。因此，材料特点的充分利用和发挥，最大限度地体现出了创作的意图，升华了设计的思想，进而创造出了高超的艺术品。

以制作加工一幅装饰画为例，制作者在构思过程中首要考虑的是：这一幅装饰画具有什么作用？若是挂在幼儿园教室的墙壁上供儿童来观赏的，那么其主题是什么？若主题为《美丽的春天》，那么，紧接而来的问题是：所选题材是什么？是百花争艳？蝶舞花丛，还是鸟鸣玉兰枝头？在构图中是采取对称的形式还是采取非对称形式？在表现技法方面，是使用粘贴法、喷刷法等，还是用沥粉法？假如要制作成浮雕式，那么，制作者还需要考虑：是用纸来加工制作，还是使用树枝、竹片、高粱秸等制作？用什么技法来制作？是用切折法、压印法、粘贴法等，还是采用编织法？在制作了装饰画之后,制作者还需要有其他方面的思考,如装饰画边框怎么制作？做成什么形状等。最后,制作者还需要考虑这幅装饰画本身的色彩以及和边框色彩之间的搭配。以上的所有思考,都需要在动手以前做出预想,即构思。

因为学龄前儿童的思维具有直觉的半逻辑思维特点,所以他们对于手工制作的构思和成人之间存在着十分明显的区别。通常而言,早期的学龄前儿童较少出现"胸有成竹"的状况,他们大多是在行动中"迁想状物"。例如,在泥工活动中,儿童把泥团在手中团、搓、捏、压,随着泥团逐渐变长,他们的脑中也会浮现出"油画棒"的形象;而随着泥团逐渐地变圆,他们又会联想到了"球""元宵"等其他的形象(图5-6)。

图5-6 学龄前儿童泥塑作品

随着年龄的不断增大,教育的持续深入,学龄前儿童的行为目的性也开始逐渐增强,他们对手工制作的构思也慢慢地由外化转成了内化,能够事先在头脑中对所要制作的东西进行思考和计划。

学龄前儿童在材料特点的利用和发挥上,尽管不能和成人相比,但是这种"迁想状物""借形造像"的构思方式,在学龄前儿童手工制作中占据了十分重要的地位。在手工活动中,他们的联想活动有时甚至能够超过成人。例如:他们有时会将一段玉米棒芯想象为一只胖猪的身体,这种情况主要是由他们的想象特点所决定的。教育者需要充分了解这个特点,并且充分利用这个特点去发展儿童的想象力和创造力。

设计是指将脑中的构思具体化成可视的工作方案的过程。设计通常是通过完成设计图体现出来的。对于成人来说,其设计往往是先画出草图,即将头脑中已经构思好的主题、造型、构图等简单地在纸上描绘出来。并在画草图的时候对原有的构思加以修改,甚至完全推翻已有的思维而另起炉灶。有些手工作品往往都要经过否定—重构—再否定—再重构的过程,直到完善。之后,按照确定的草图画出效果图与三视图或展开图。这三视图与展开图即为手工制作的工作图。

手工制作的设计也有例外,即设计并不是表现为设计图,而是采取"打腹稿"的方法,并且这一"腹稿"也不是一成不变的。例如,某些民间艺人在设计时就从来不画草图,而是依据腹稿,边构思边制作边修改,把构思、设计以及制作融为一体。

学龄前儿童受到其自身思维方式的限制,其手工制作过程中基本不存在独立的设计这种步骤,而是构思和设计融合一体,甚至是构思、设计和制作三者相融合,充分体现了儿童思维的特点。

三、制作和装饰阶段

制作是指借助于人的加工技巧对材料进行加工,改变材料的原有形态,进而实现设计方案的施工过程。制作的方法大体上可以分为三种类型:第一是利用原材料直接进行加工、成型;第二是将原材料裁切为多个零部件,再对零部件进行加工,之后再组装成型为成品;第三是通过中介环节(如制作模具)来间接地加工成型。

在制作过程中,制作技艺极为关键。尽管它并不等于艺术才能,但是它依旧是艺术才能结构中的一个重要构成要素。由于材料的性质和形态、创作的意图、审美观点都不同,手工制作的技法也是多种多样的。

点状材料的制作大多是加法成型的。例如,运用拼贴、镶嵌、焊接等多种技法,可以把点状材料组合为线型的作品,也可以组合为面型的作品以及具有三度空间的立体型作品。

线状材料的制作,通常是用盘绕、编织、垒积、焊接等技法来实现的,也是加法的一种。这些技法不但能够组合成线型作品,也可以组合为面型的作品以及体型作品。

面状材料的加工制作,有加法、减法、变形不变量法。比较常用的技法是剪、刻、卷曲、粘贴、缝、钉等。通过上述的各种技法能够创作线型、面型以及体型作品(图5-7)。

图 5-7 学龄前儿童拼贴作品图

块状材料制作的技法主要包括锯、削、刮、剪、组合等多种形式,不但具有加法、减法,也同时具有变形不变量法。

学龄前儿童制作和成人制作之间的最大区别在于他们的操作深受其生理发育的影响,与成人那样的灵活和精确不同。在学龄前阶段,儿童的肌肉发育正在经历由手臂大肌肉动作朝向手腕小肌肉动作,再向手指精细肌肉动作逐渐发展的过程,这是一个在逐渐发展成熟的过程。与此同时,儿童的手眼也正逐步从不协调往协调方向发展。因此,他们在手工制作中的动作十分不协调、不精确、不灵活,在操作的过程中所采用的技法也十分简单,所以手工作品就显得十分粗糙、不整齐、不平滑。学龄前儿童制作的第二个鲜明的特点是他们在制作过程中有构思、有设计,制作和构思、设计融合成一个整体。随着年龄的逐渐增大,学龄前儿童也在逐渐向先构思、再制作发展,但是在制作的过程中仍然会带有十分明显的构思活动。

装饰是手工制作的最后一个阶段,它主要是指对手工制品所做的恰如其分的涂绘、修饰。装饰的主要目的或是出于锦上添花,增强审美特点;或是出于对作品保护的实用功能。无论如何,这些要求都是进行装饰的重要依据。

如果在实用的作品上精雕细刻,添加一些多余的附件,则这样的装饰有害无益。

学龄前儿童的装饰,常常采用添加法。其装饰的目的,首先是为了作品更加完整。例如,他们在塑好的动物或人物泥工作品上添加一些细小的豆子,以此作为眼睛。其次是为了作品更加美观,他们往往更具自己的审美趣味在手工作品中添加一些纹样,这些纹样往往十分丰富且多彩。

第三节　学龄前儿童手工制作过程中各阶段的指导

依据学龄前儿童手工创作的整个过程来看,我们可以将学龄前儿童的手工教育指导相应地分成以下几个阶段。在这些阶段中,教师需要依据该阶段儿童手工制作的特点去进行有的放矢的指导。

一、意图阶段的指导

意图制约着所有行为的方向与途径。在成人的手工制作活动过程中,其主要的意图十分明确,或者是以基本的训练为主,或者是以某种实用、观赏取乐为主,如上文所述,早期学龄前儿童的手工制作意图不太明了,所以教师需要帮助他们逐渐地把意图明朗化。

(一)为儿童提供与材料充分接触的机会

如上文所述,学龄前儿童的意图大多都是在与材料相互接触的过程中慢慢产生的,因此,教师应该为儿童提供与材料接触的机会,让儿童可以在撕、揉、剪、贴等动作中去了解纸的特性,从而让他们能够对手工制作产生浓厚的兴趣。

(二)在游戏和欣赏作品时明确制作意图

对于学龄前儿童而言,手工活动实际上就是游戏活动,他们在对手工材料玩耍时得到满足,同时,儿童明确意图还要借助教师的引导,所以,在手工制作活动过程中,教师要把儿童的活动朝着有目的的方向引导。在引导儿童对手工作品加以欣赏时,教师也可向他们提问"你想不想也来做一个"等问题。

(三)帮助儿童实现意图

对于学龄前儿童手工制作活动来说,尽管有时可能会有一定的创作意图,但由于手部肌肉还不成熟,所以手的动作也不会太灵活,手眼不协调等原因,所以在制作过程中往往会给他们带来一种挫败感,所以,教师应在技术上给儿童特定的支持,激发出他们学习手工活动的兴趣。

二、构思阶段的指导

(一)帮助儿童积累多种表象

构思主要是以表象为其基础的,因此,教师应帮助学龄前儿童去积累相对丰富的表象。教师可以让儿童用眼睛去观察周围的事物,如果条件允许,还可以让他们用手摸一摸物体来加强他们对表象的记忆。例如,对于一只动物形象的分析,教师可以启发儿童进行思考:它的整体形态应该是什么样的?头应该是什么形的？身体应该呈现什么形？腿的粗细如何？等等。教师还需要对上述各部分之间的结构关系进行分析。所以，教师可以把它和人加以比较，在比较的过程中把握形体的主要特征。教师在进行分析时，还可以利用儿歌、谜语等去帮助儿童对表象形体加以记忆。例如，教师在分析大象形象时，可以念儿歌：

大象大象鼻子长，身子长得肥又胖，
腿像四根粗柱子，耳像芭蕉扇子样，
长长的牙齿向上翘，细细的尾巴两边晃。

（二）提供多种材料引导儿童联想

在构思时，"因意选材"与"因材施艺"是最为基本的两大原则，所以，教师自己应该熟悉各种材料所具备的特性。例如，纸材便于多种技术加工，但是易发生变形，适合用一种合理的结构来显示其柔软、轻盈的视觉效果；泥的可塑性较强且湿度较大，所以造型就不宜过分纤细，要注意发挥它的粗朴、淳厚的艺术特征（图5-8）；例如：请幼儿先去思考，如果需要制作一条金鱼，可以选用哪些材料去制作。反之，假如教师自己对材料的性质也不太明了的话，那么提供给儿童的材料也就不适合表现了，而儿童的构思也会受到一定程度的影响。

图 5-8　带有粗朴特征的泥塑

(三) 引导儿童欣赏佳作

对于学龄前儿童而言，其造型、色彩、构成等多种艺术手法的学习，可以通过欣赏的形式去获得。其方式主要可以分为三种：一是多欣赏"因意选材"类的手工作品形式，如同一形象的手工作品用不同的材料制作而成；二是采用多欣赏"因材施艺"类的手工作品形式，如同一种材料制作出的不同形象的手工作品；三是需要多种材料制作出的多种形象的手工作品。通过欣赏开阔儿童的眼界，同时，他们也可以从中获得创作、构思的鲜明线索（图5-9）。

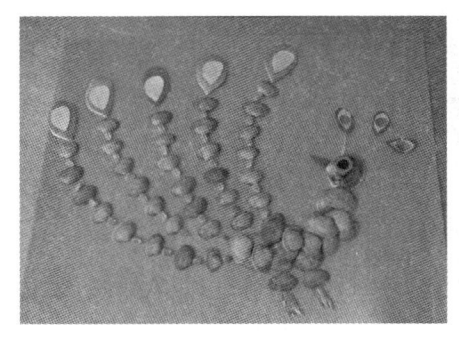

图5-9　优秀获奖作品欣赏

三、制作和装饰阶段的指导

（一）学习各种工具与材料的使用方法

对于手工制品的工具与材料使用方法的掌握而言，可以称得上是手工制作的关键，因此，如果不掌握好工具和材料的使用方法，即便构思再好，也难以变成现实。所以，教师首先要注意依据学龄前儿童身心发展的特征，而不是一股脑儿地将关于手工制作的技能技巧全都灌输给儿童。例如，要求3岁的儿童学习剪"S"形的曲线，很明显这对于他们来说是一个很难的题目；反之，假如要求6岁的儿童学习剪直线则太容易了。此外，教师在选择具体的操作材料时应该考虑到季节的变化。例如树叶贴画应该在夏秋季节制作(图5-10),而如果是做贺卡的话,则可以放在节日前进行。

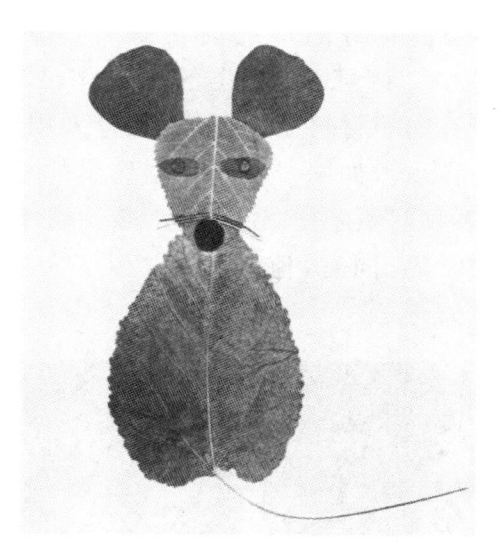

图 5-10　树叶贴画

其次,教师需要注意幼儿在学习过程中,需要弄清其原理与步骤,以帮助儿童形成技能,并把技能迁移到其他的手工制作活动中来。

(二)提供练习机会,锻炼手的灵活性

技能技巧的形成并不是一朝一夕的事,它需要一定的练习才能最终形成。这种练习主要包括分步练习与整体练习。在练习中,可先进行分步练习,之后再进行整体练习。与此同时,教师还应该注意儿童练习时间的合理分配。根据动作形成的规律,练习时间应该遵循先密后疏的总体原则。但是,教师应该注意这些练习的时间和练习次数之间的相对性。例如,整体练习的时间长短应该以不使儿童感到疲乏为宜;练习的间隔时间长短应该以不让儿童忘记动作的要领为准。因此,教师应该将练习以游戏的形式展开,以此提高儿童对技能训练的兴趣。

(三)指导儿童把临摹、仿制和独创结合

在制作阶段指导过程中,教师可引导儿童将临摹、仿制以及独创相结合。临摹是指完全根据原作进行制作,它能够帮助儿童清晰、精确地掌握手工制作所需要用到的工具与材料的基本使用方法,以及手工制作所需的基本技法,但是过多的临摹也会扼杀掉儿童自身的创造力;独创与原作完全不同,它是全新的形象,是儿童创造力的直接表现,对于学龄前儿童而言,具有一定的难度;仿制是在原作的基础上稍作改变,它介于临摹与独创之间,不但具有临摹的一些痕迹,还具有独创的主要成分。对于学龄前儿童的手工制作来说,其形式应以仿制为主,兼有临摹与独创。所以,教师在指导过程中需要鼓励儿童在掌握自身基本技法的基础上进行努力创新,制作出不同形象的作品。把临摹、仿制和独创三者相结合,就能够使儿童的创造力逐渐得以发展。

(四)引导儿童把手工制作和绘图结合

把手工和绘画相结合,能够起到互相促进的作用。第一,在手工的制作过程中,添加绘画主要是为了培养学龄前儿童对手工制作的兴趣、发展其手工制作和装饰能力的重要手段。例如:当儿童运用纸盒制作一个立体的作品结束时,教师可以引导儿童使用彩色笔在作品表面画上艳丽的花纹,给作品修饰增色。第二,手工制作可以帮助儿童更深入地去理解作品形象的结构特征、空间关系等,让儿童在平面的绘画中更加富有艺术表现力,这点已经被实验证明。第三,还可直接把手工作品和绘画活动结合在一起。如当儿童的折纸完毕之后,教师可以引导儿童把其贴于底纸上,再添画上其他与之有关的形象,构成一幅有浮雕感的画面,以此来增强作品的表现力。

(五)正确评价儿童的作品

因为学龄前儿童的手部肌肉发育还未成熟,所以他们的手工作品不可能与成人那样技术精湛、装饰精美。教师在对他们的作

品进行评价时,要看到即便其制作作品还不是太完美,但是只要他们的构思新颖、富有创造性,材料运用得比较恰当,情思和技巧都达到了意趣天成、率真自然的程度,就可以算作佳作。那种以制作的技能技巧水平高低作为评价标准去衡量儿童的手工作品优劣的做法是十分不妥的。

第四节 学龄前儿童各类型手工活动的指导要点

一、平面手工活动的指导要点

(一)染纸

染纸主要是使用吸水纸与水性颜料通过渍染或染的方式创作出色彩美丽的纹样。染纸的主要目的是让儿童在学习染技法过程中,充分把握、感受色彩位置的排列形成的一系列变化。染纸使用的材料与工具是吸水性比较强的纸、毛笔等。为了提高燃料的渗透能力,在染画时还可以在颜料中添加少量白酒(图5-11)。

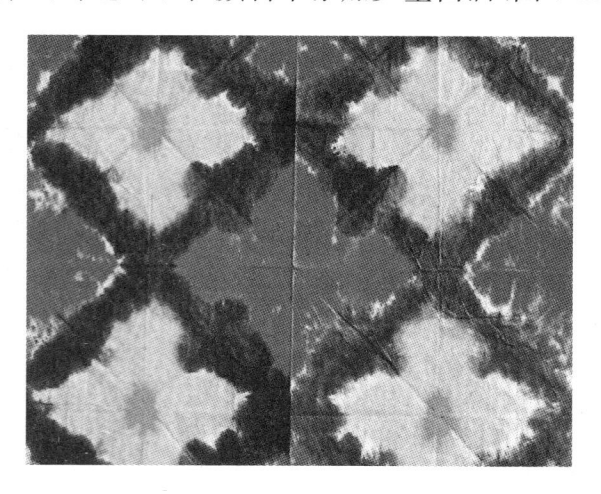

图5-11 儿童染纸作品

教师在指导儿童染纸时,应该注意下列几方面的问题。

①在准备工具时,教师应该多准备几支毛笔,以便能够专笔专用,保证颜色纯正。

②染纸时应该要注意色彩的搭配合理与否。在色调方面,应该以一种色彩为主,且颜色的面积要大,之后再配上少量小面积的对比色彩;在明度的对比方面,应有深浅的变化;在色块的位置排列上,变化需疏密有致,形成一定节奏感;染色的顺序也要先染浅色,后染深色。

③在染色时如果出现了问题,教师要引导儿童灵活地去"借迹重构"。

(二) 粘贴

粘贴活动主要是指用现成的点状、线状、面状材料,粘出或者贴出具有浮雕感的或平面的画面的活动。

1. 粘沙

粘沙属于典型的点状材料加工制作平面手工作品。粘沙的工具与材料主要包括毛笔、胶水、细沙等。

首先,教师应引导儿童去认识并了解粘沙所用的工具与材料的性质和用途,并学习使用方法。

其次,教师应该去引导儿童创作将要粘沙的画面的形象,需要注意将画面形象的轮廓线画出来,并尽可能画得简单些,以便于操作。

再次,教师应该引导儿童去学习怎样将多余的沙抖掉:双手捏住底纸的两边,纸稍卷,使未粘到胶水中的细沙集中在纸的中部,然后倒入容器中。

最后,教师应该引导学龄前儿童装饰作品:用小塑料片刮去轮廓线外多余的沙,补粘没有粘住沙的地方,最终一幅粘沙作品就完成了(图5-12)。

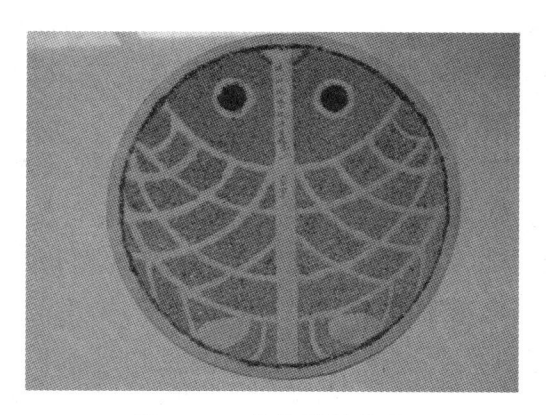

图 5-12　幼儿粘沙作品

2. 贴树叶

贴树叶属于典型的面状材料加工制作平面手工作品。贴树叶的工具与材料主要包括剪刀、双面胶(胶水与糨糊贴在晾干后易脱落)、各种形状与颜色的压平后的树叶、各色底纸等。

活动开始前,教师要发动儿童与家长共同合作去收集各种形状与颜色的树叶,并且学习欣赏树叶变化多端的形状、天然的叶脉肌理以及丰富的色彩。

活动开始之后,教师首先需要引导儿童依据"因意选材"或"因材施艺"的原则去选择相应的树叶。如果遵循的是"因意选材",那么需要构思自己所要制作的大概内容、画面的布局等,之后再依据这个设计,选择一个适当形状与颜色的树叶进行拼贴;如果遵循的是"因材施艺"的原则,则教师需要引导儿童把树叶做正反、上下看,仔细观察各类树叶的形状、色彩等,寻找树叶所具有的特点,然后根据形状联想一下它们像什么?能够制成哪种形象?如卵圆形的树叶像动物的身体,圆形的树叶则像猫、虎、人头或猫、熊猫等动物的耳朵,而掌状的枫叶则能够作为金鱼的尾巴,瘦长的枣核状树叶能够制作成小船、兔子的耳朵等(图 5-13)。

选择好树叶之后,教师要引导儿童利用这些树叶在底纸上摆放、布置,并对所选择的树叶做合理修剪。接着就是贴树叶,即在树叶的反面贴上双面胶,然后再回原处,用一张干净的纸盖住,抹平压实就完成了作品。

图 5-13 树叶贴画

在粘贴过程中,教师在指导时需要注意下列几点内容。

①假如是遵循了"因意选材"的原则,那么所要粘贴的画面就要形象,应视儿童的年龄决定由教师画还是由儿童画。

②一次粘贴活动中,不应该有过多类型的材料。否则会造成儿童长时间去翻找材料,影响作品制作。

③由于儿童的生理发育还未成熟,所以,教师在为儿童设计画面形象时,应该注意儿童的轮廓线简单些,这对于儿童的操作十分方便。

④从作品的美观上进行考虑,教师需要引导儿童制作画面形象的材料的颜色与底纸的颜色间的搭配。

⑤如果是采用树叶类的自然材料进行粘贴创作,教师则应该引导儿童利用自然物的本来形状、颜色及其他特性,以保持自然物的自然美。

(三)撕贴

撕贴是儿童手工制作的常见形式之一。撕纸的主要目的是最大限度地锻炼学龄前儿童的手指肌肉动作及控制能力。它与剪贴的最大区别在于:撕贴是把手指作为工具,利用人的双手之间的手指配合,撕出想要的形象,再将其贴成平面画面(图 5-14)。

图 5-14　学龄前儿童撕贴作品——衣服

在撕纸活动中,教师需要注意以下两方面的内容。

首先,每次为儿童提供的纸张应该适中,不宜太大,否则会由于儿童手的控制力较差而将纸张越撕越小,最终导致浪费。

其次,儿童的准确把握度还不是太好,所以不能按照成人的标准要求他们准确地撕出完美的形象,如果儿童撕纸和构思的形象存在较大的差别,教师则可以引导儿童仔细地去观察手中的纸形,想象一下它像什么,之后再装饰、添画。

(四) 剪贴

剪贴是指使用剪刀将面状材料剪成想要的形象后,再贴出平面画面的手工活动(图 5-15)。学习剪贴的主要目的是让学龄前儿童学会使用剪刀,从而促进儿童手指的肌肉发育,培养儿童手眼之间的协调能力。

对于学龄前儿童而言,其利用剪刀的手工活动主要为剪纸活动,而剪刀就是剪纸活动的主要工具。剪纸的主要材料为纸张,通常而言,剪纸所用的纸张以不薄不厚最合适。

教师指导学龄前儿童剪纸的第一步是引导儿童如何使用剪刀,在此基础上,教师还要引导学龄前儿童剪纸的基本剪法,主要包括下列几个方面。

图 5-15　学龄前儿童剪贴作品

1. 目测剪

目测剪主要是利用没有痕迹的纸张，采用目测的形式直接剪出所要形象的方法。因为目测剪不存在特别的限制，所以儿童在裁剪时可以自由发挥，对于刚学习使用剪刀的幼儿可以使用这种剪法，而对于那些年龄比较大的儿童而言，教师则可以要求他们首先考虑好所要剪的形象之后再开始裁剪。

2. 沿轮廓剪

沿轮廓剪主要是指按照已经画好的轮廓线剪出自己想要的物体形象的办法。轮廓线一般都是由教师提前画好，但是也有例外，如教师引导儿童自己画出想要的轮廓线。一般情况下，如儿童的年龄越大，那么其所画的成分就越多。不管是教师画轮廓线还是儿童自己动手画轮廓线，都应该注意所画的形象要大一些，轮廓线也要做到简练。

3. 折叠剪

折叠剪是指纸张经过折叠之后再剪出各种纹样的办法。对于折叠剪而言，其第一步就应该为折叠，教师在引导儿童折叠时需要注意，因为儿童的手部肌肉还没有发育成熟，所以纸的折叠层数不能过多,通常以折叠 2—3 层最好,太多的话儿童就剪不动了。剪时还需要注意剪纹样的大小与疏密。儿童只有掌握了剪团花的一般规律,才可能剪出美丽的团花。

二、立体手工活动的指导要点

(一)泥塑

泥塑主要是通过人手把泥塑造成一个个立体的形态的活动,泥塑也是中国传统的手工活动之一,同时也是现代学龄前儿童比较常见的一种手工造型活动。其主要目的就是使儿童的手指肌肉得到锻炼,培养它们的灵活性,增强儿童手眼之间的协调力,开发儿童的空间知觉能力。泥工的材料与工具主要有橡皮泥、竹刀等其他辅助材料(图 5-16)。

图 5-16 儿童泥塑作品

教师在指导儿童进行泥塑制作活动通常有以下几个步骤。

第一步,教师引导儿童通过和黏泥等其他泥工材料的亲密接触,充分了解泥所具有的特性,知道泥工板的主要作用是放泥和塑造时使用的,小竹刀主要是用来修整作品的。

第二步,在泥塑活动中,教师可以引导儿童跟着学习一些泥工的基本技法。这些基本技法大多都是泥塑手工活动中比较常用的,如搓长、团圆、挖、伸拉等。在教师的指导过程中,还能够去启发儿童先自己动手尝试练习制作小物件,然后再仔细地观察其中哪种动作能够塑造出特定的形体。

第三步,教师需引导儿童掌握泥塑的一般规律。一是从基本的几何形体出发,能够塑造出哪种立体的形象。例如,球体能够想象为元宵、皮球等。二是从摹本的技法上出发,能够塑造出哪些立体的形象。

第四步,在泥塑手工活动中,教师应该要注意引导儿童去学习利用一些泥工的辅助材料,如可以用豆类做动物眼睛。

(二)折纸

折纸是中国的一项传统的手工活动,在折纸时主要是利用双手活动将纸折叠出一个个立体的形象。其中,折纸的最主要特点是采用几何形进行塑型(图5-17)。儿童通过学习折纸活动,不仅可以锻炼他们双手的灵活性,还可以培养儿童目测的能力、空间知觉能力等。折纸的取材比较方便,日常生活中常见的纸张,如白报纸、挂历纸等具有薄而韧性较好特点的纸,都可以拿来用作折叠。

图5-17 学龄前儿童折纸作品

在折纸活动中,教师需要注意引导儿童学习折纸的基本术语,如边、角、对角折等的名称,以利于日后儿童在学习时能够理解教师的指导。然后,要引导儿童去掌握折纸的一些基本的规则,如对齐、抹平等。

在这一基础上，教师教给儿童一些比较基本的折纸技法。学龄前儿童可以学习的折纸技法有很多，如对边折、双三角折、组合折等。

(三)废旧材料与果蔬等的制作

废旧材料与果蔬等的制作主要指利用废旧的日用品或水果、蔬菜等自然的物品，运用联想手法，"因材施艺"地加以建构，制作出一个个立体的形象的活动。这种制作能够极大地帮助学龄前儿童开发想象力、创造力。利用废旧材料制作手工艺，能够培养儿童有目的、有计划的工作能力。因为在制作过程中，对儿童的手腕力量以及手指的灵活性要求都很高，所以，废旧材料以及果蔬等的造型活动大多都是在幼儿园大班才开展的。

废旧材料大多来源于日常生活的废料，教师也可以在平时自己收集一些废旧材料，也可让儿童和家长参与进来，一起去收集材料。但是，所有收集的废旧材料都应是安全、卫生的。用废旧材料制作的作品能够用在学龄前儿童的日常游戏活动中去，也能够用于对教室的装饰，甚至还能够作为礼物送给别的小朋友。对儿童的作品进行妥善的处理，不但能够让儿童体验到手工制作的成功感受，还能够激发他们对废旧材料制作的浓厚兴趣(图5-18)。

图 5-18 儿童利用废旧材料制作的手工作品

在废旧材料与果蔬的手工制作活动中,教师不仅要教儿童一些必要的制作技法,还应将指导的重心放在引导儿童想象的方面,启发儿童思考。例如,在蔬菜的造型制作中,教师可以依据各种块状的蔬菜去启发儿童的想象制作:把瓜头有条纹的黄瓜切下一段当作青蛙的身体;慈姑的苗能做成大象的鼻子或者小猫的尾巴等,如图5-19所示。

图5-19 幼儿果蔬手工作品

总而言之,在学龄前儿童各类手工活动的指导过程中,教师需要注意下列几点。

①为儿童提供的手工材料一定要丰富多样,但并不是说在同一次活动中可以堆砌很多材料,而是应该提供具有表现力的材料。而且还要使儿童有和材料充分接触的机会。

②要将手工活动的基本技法传授给学龄前儿童,让他们可以在这个基础上进行自由地想象、操作,可以"因意选材",也可以"因材施艺",重点培养学龄前儿童的手工创造力。

③手工活动可以和游戏活动相结合:一方面能够在游戏活动中进行手工操作;另一方面还能够用游戏的形式开展手工活动创作;此外,可以把手工活动成果当成游戏道具。

④教师要注意培养学龄前儿童养成良好的手工制作的卫生习惯。

第六章　学龄前儿童美术欣赏能力的培养

美术欣赏既是一种视觉艺术,同时还是情感艺术。而幼儿美术欣赏活动则是一种专门性的幼儿审美活动,它能够增强幼儿的审美感知,丰富幼儿的审美体验与经验,对尽快提高幼儿的审美能力等多个方面都存在着极为重要的意义。本章就从学龄前儿童美术欣赏能力的培养角度来对幼儿的欣赏能力展开论述。

第一节　学龄前儿童美术欣赏能力的发展

一、本能直觉时期

这个时期的儿童多处于 0—2 岁这个阶段,这是幼儿处于美术欣赏的准备阶段,所以也被称作本能直觉期。这个时期的婴幼儿对形式审美要素的知觉敏感性与注意性的选择,是纯粹表面的与直觉的。这个时期的幼儿主要通过视觉、听觉、动作的协调活动来进行信息的相互交流。美国发展心理学家、知觉心理学的重要代表人物埃莉诺·吉布森,采用实验的方式找出了知觉属于先天的重要证据,从而发明了用于测量婴儿深度知觉的重要装置——视崖。

吉布森所提出的差别理论是有关于感觉信息加工的重要理论之一。因为脑的成熟以及反复接受相同的外界刺激,婴儿也就会越来越善于发现事物的恒常性——某种客体与其他的客体稳定特征不同。分化理论将外部的世界视为人们对感觉经验的人为的次序划分,认为人类在出生的时候所有的感官都是整合的,很早就已经有了跨感官的知觉。但是很多刺激的明确特征都迫使婴儿进一步去使用他所有的感官进行分析。他们能够比较自然地察觉到那些十分细微的特征,虽然这些最初的反应只不过是一些本能的直觉行为。

研究表明,婴儿在出生之后的一个较早时期内,就已经对美术的两个基本要素——形和色产生了一定的审美感知能力。虽然这些最初的反应只不过是一些最本能的直觉行为,但是这些本能的直觉行为也给日后更高层次的美术欣赏活动打下了基础,做好了心理层面的准备。

二、直接感知美术形象期

当幼儿还处在这个阶段时,其美术欣赏的能力就已经呈现出了下列重要的特征。

(一)自发情况下的特征

在自发情况下,幼儿对美术作品与物象内容的感知要先于对美术作品或者对物象形式的感知。

当幼儿面对某一件美术作品时,他们首先感知到的就是美术作品所具备的内容,很少能够有意识地去关注到作品的形式审美特征。这充分表明,幼儿还并未完全形成真正意义上的审美态度,对待美术作品只不过是一种"求实"态度。这个对阶段的幼儿来说,美术作品的内容感知只是局限在画面上到底画了些什么。不管是抽象的作品,还是具象的作品,幼儿对其中内容的关注总会多于对作品形式的关注。

(二)在教育干预下的特征

在教育的干预下,幼儿逐渐能够感知美术作品的某些形式审美特征。

在线条和形状的感知上,这个时期的幼儿总是喜欢将它们和具体的形象联系到一起。在色彩方面,周燕(2009)研究中发现,5—6岁的幼儿对色彩个性的感知往往要借助于和颜色相关的一些具体的实物。在很多情况下,不同色彩能够给人一种不同的感受与联想。人们将这种由色彩感觉引起的情感变化与联想叫作"色彩的情感"。5—6岁的幼儿可以十分准确地把握住色彩的情感。在空间的构图感知上,很多幼儿可以感知到美术作品的空间深度,并且随着年龄的不断增长,这种能力还在不断地向前发展。在对美术作品与物象的情感表现性的感知上,在成人的进一步引导下,大多数的幼儿可以感知到作品的情感表现性,他们往往会从作品与物象的内容、想象因素及作品与物象的形式特征等方面来解释它们的情感表现性。幼儿对艺术作品的风格感知往往很容易受到作品内容的深刻影响。[1]

(三)幼儿对作品的感知与描述

对于幼儿而言,他们更喜欢感知与描绘熟悉的物体与令人愉快的现实主义美术作品,包括一些色彩明快的美术作品。

幼儿判断作品好坏的标准主要可以分为两个:一是作品的内容是否能够客观、真实地再现现实的世界;二是作品的色彩是否十分的丰富与鲜艳。这个时期的幼儿,已经对美术作品具有了自己的审美偏爱,他们喜欢再现性的作品与那些可以识别出作品中所描绘对象的非再现性的作品,如不管是中国画、西洋画还是符合儿童审美的绘画,假如他们看不出来作品到底画的是什么内容,他们就很可能不会喜欢。而儿童之所以能够被一幅画作所吸引,主要是由于他们或喜欢图画的内容或觉得画得比较逼真。但是一旦去当他们喜欢某幅画作时,儿童的主要评价标准就是画得像或者不像,即作品中所画的物体是否与实际的物体相像。幼

---

[1] 周燕.5—6岁儿童绘画欣赏特点研究[D].南京师范大学硕士学位论文,2009.

对什么样的作品与物象是美的,在这个年龄段还没有一致的标准,但是绝大多数的幼儿则认为,在作品中具有自己经验中所熟悉的、美好的、能让人愉快的事物的作品就是美的作品。同样,和幼儿周围的生活环境密切相关的,如节日环境、自然环境等,对于幼儿而言也是美好的物象。而残骸、怪物、战争、鲜血等是丑的作品与物象。所以幼儿在美术欣赏活动中所谓的"喜欢",不但是作为一种艺术的判断,更是作为"好""愉快"的同义词。在对色彩的感受上,幼儿会将具有明快色彩的作品与物象作为自己所喜欢的对象。随着年龄的不断增长,幼儿对偏爱原因的分析也会逐渐地走向特征与技巧方面,如色彩的美丽、形象的可爱、画面的完整等。

由于幼儿的生活经验与审美经验十分有限,幼儿所特有的情感不会完全和成人以及艺术家的情感相吻合,即幼儿不能运用恰当的方式去解释一些艺术品所反映出来的情感、内容和形式。随着社会生活经验的丰富以及教育的进一步干预,幼儿的美术欣赏也会经过一个从笼统到分化的过程。

对幼儿美术欣赏的发展特征的了解与把握,能够帮助人们更好地去了解幼儿,更好地从事美术欣赏教育活动。在美术欣赏教育活动过程中,我们应该给幼儿创设一个极富美感的环境,提供出一个适合他们年龄特征的美术作品与物象,教师应该有计划、有目的地来引导幼儿感知、理解美术作品以及物象的内容和形式,促进幼儿美术欣赏能力的快速发展。

第二节　学龄前儿童美术欣赏的心理过程

学龄前儿童美术欣赏教育的实施和指导,需要以其心理的发展作为重要出发点。所以,我们应该先去了解学龄前儿童是如何进行美术的欣赏活动的。但是,让人感到遗憾的是,大多数的研究都集中在成人的审美心理上。所以,我们现在也只好在总结这类研究的基础上来尝试去描述学龄前儿童在美术欣赏方面的心理过程。

审美活动在美术领域中往往叫作美术鉴赏。美术鉴赏主要是指个体能够充分调动其感知、想象、理解、情感等多种心理能力，对美术作品的形式以及意味进行充分体验与认识的活动。美术鉴赏是理性和感性相结合的活动。学龄前儿童因为其心理发展水平所限，美术鉴赏活动中的理性成分没有成人那么明显。所以在学龄前儿童的美术教育过程中，我们应该将学龄前儿童的审美活动叫作美术欣赏。同时，他们所欣赏的美术内容也只不过是绘画、雕塑等，其中还包括了一些自然景物、周围环境以及儿童自己创作的美术作品。

学龄前儿童的美术欣赏的心理过程大致经历了以下几个阶段。

一、准备阶段

这个阶段的最初为审美态度的形成，是欣赏的重要前提。审美态度的具体形式与关键环节为审美注意。所谓审美注意，实际上就是指将注意力集中与停留在审美对象的形式结构上。丰子恺将它叫作"绝缘"。"所谓绝缘，就是面对一种事物的时候，解除事物在世间的一切关系、因果，而孤立地观看。"这时所见的是"孤独的、纯粹的事物的本体的'相'。"[1]布洛曾经提出过"距离说"的观点，他认为，审美感受的形成就在于欣赏主体和欣赏对象保持了一种"心理距离"，即一种不即不离的关系。它不但不会由于距离过近而对欣赏对象采取实用功利的态度，也不会因为距离过远而对欣赏对象漠然视之。加登纳则认为这种"保持与对象的距离而同时又撇开对身体需要的满足而获得对该对象的兴趣"的能力是一种"似乎在大多数动物身上被自身中心知觉的优势所破坏的

---

[1] 丰陈宝．丰子恺文集（艺术卷二）[M]．杭州：浙江文艺出版社，浙江教育出版社，1990．

了的能力",❶只有人才具备这种能力。但是审美注意和科学研究中对具体的对象的注意也有极大的不同,它并不能直接联结,也不能很快过渡到逻辑思考、概念意义方面,而是更加长久地停留于对象的形式结构自身,并进而发展其他心理功能如情感、想象等的渗入活动。因此,审美注意的主要特点就在于各种心理因素的倾注、集中于欣赏对象形式的本身,所以要充分感受形式。线条、形状、色彩、节奏、韵律、变化、平衡、统一、和谐等形式、结构方面,便得到了充分的"注意"。这样,审美态度经过审美注意就完成了欣赏的准备阶段,进入了欣赏的实现阶段。

二、实现阶段

美术欣赏过程的实现阶段就是美术欣赏的感受阶段。美术欣赏感受不同于普通的生理快感,它属于积极的心理活动过程,其中还包括了感知、情感等多种因素相互交错融合。这个阶段是欣赏心理的关键性阶段。

实现阶段的第一步就是审美感知,在美术的欣赏过程中,它不是一种纯感性的、单一的感知,而是一种视觉的器官即"感受形式美的眼睛"对欣赏对象的"形状、色彩、光线、空间、张力等"多种要素的组成进行完整形象的把握,是一种和日常的感知相区别的活动,可以揭示出事物表现性的特殊感知。它同时还是欣赏主体的一种积极主动的心理活动。格式塔心理学认为,这种感知是对整体形象的一种完形知觉或者超完形知觉,是内在的情感模式和外在的形式结构之间的契合。它主要包含了想象、理解、情感等多种因素。

除审美感知之外,审美想象则可以帮助欣赏主体实现审美的进一步理解。所以,在美术的欣赏过程中,审美理解不仅仅是靠概念、判断、推理进行的,同时还是靠想象进行的。想象不但能使

---

❶ H. 加登纳. 艺术与人的发展[M]. 北京:光明日报出版社,1988.

视觉形象变得更加鲜明生动,还能让感知形象的内容变得更为丰富与深刻,从而使美术的欣赏活动不仅仅停留在对美术作品的感性形式的感受方面,而且还可以更深入地去感受感性形式中所蕴含的更加丰富的内在意义。正是如此,审美想象所包含的主观情感的心绪、意境、典型,自由而丰满,美术的欣赏才具有了不确定性、多义性等特征。所以才会出现"一千个人看《哈姆雷特》,就有一千个哈姆雷特"的说法。

实现阶段中的审美情感主要有两层含义:一是欣赏对象所具有的情感表现性是当欣赏主体的某种内在情感模式和外在的形式结构达到了"同形同构"或者"异质同构"时而出现的。例如:一条竖立的弓形曲线被认为表现了一个奴仆的卑躬屈膝。对此,德国著名美学家利普斯则认为,这是一种移情的结果。第二种含义是指欣赏主体在欣赏过程中达到一种自由和谐的状态时所产生的审美愉悦感,即美感。

学龄前儿童的美术欣赏实现阶段也需要经历包括感知、想象、理解、情感等在内的所有过程。第一,儿童需要借助自己的视觉器官来获取与之相关的美术欣赏对象的形式与内容方面的事实性资料,这是学龄前儿童美术欣赏实现的第一步。第二,他们要把这些由视觉器官所获得的事实资料赋予其某种特定的意义,并认识作品中各个形象间所存在的关系,即儿童要把他们所获得的欣赏资料和他们个人以往的经验相结合,通过想象加以理解。这个时期最为显著的表现就是儿童的移情现象。例如:学龄前儿童认为风吹落叶动其实是落叶正在跳舞。第三,儿童按照自己的想象、理解做出审美判断。受其心理发展水平的一系列影响,学龄前儿童的审美实现阶段更加突出了审美的感知、想象与情感的一系列作用,而审美理解表现出较为浅显的理解。

三、效应阶段

美术欣赏心理过程的最后阶段就是效应阶段,其最终的结果表现为主体审美心理的一系列变化,这些变化主要包括了两个方面:①直接的审美判断与审美欲望的产生;②间接的审美趣味与鉴赏力的提升。

著名教育家丰子恺先生则认为,审美判断外化后就是美的批评。它主要表现在三种形式:①印象的批评:是凭借第一印象,直接依清新、强烈、活跃的感觉而下的判断。②分析的批评:是就作品的题材、主题、情节、形式、技巧、手法等一一加以判断。③综合的批评:是把已经分析的重新综合起来,估定其总平均,加以判断。❶ 我们能够看出,印象的批评为感性批评,而分析的批评与综合的批评则更多地表现为理性的批评。我们通常认为,学龄前儿童在美术欣赏过程中的审美判断或叫美的批评更多的是一种印象批评。儿童通常对欣赏对象没有太多的分析与综合,而知识凭借强烈感情的感知去判断欣赏对象是美还是丑。这类判断大多都属于一种直觉性反映,而被判断为美的对象则成了学龄前儿童审美欲望所产生的深刻源泉。

学龄前儿童的美术欣赏教育目标其实就是为了提高儿童的审美趣味与鉴赏力。

第三节　学龄前儿童美术欣赏活动的形式

一、日常生活中美的欣赏

在日常生活中,美随处可见、无所不在。所以,日常生活中对美的欣赏也多为随机的,这其实也是幼儿美术欣赏和成人美术欣赏之间的重要区别之一。教师要具有一双能够发现美的眼睛,具备能够抓住美并进行审美引导与教育的能力。在日常生活中,能

---

❶　丰陈宝.丰子恺文集(艺术卷四)[M].杭州:浙江文艺出版社,1998.

够用于欣赏的东西太多,教师可以组织幼儿去做美的欣赏活动。例如,小朋友佩戴的花手绢,穿的新衣服,漂亮的糖纸、包装盒等,都蕴含着十分丰富的美感与审美因素,都是引导幼儿去发现美、欣赏美的极好的素材。

在现在日常生活中,教师要能够去发现围绕在幼儿身边、随时随地都能见到的美,抓住每一个审美的契机,做出随机性美术欣赏活动教学。通过引导儿童对这些美好物象进行欣赏,能够极大地提高幼儿发现美、感受美的能力。教师还可以通过与幼儿谈论他们的生活状况、交友经历,让幼儿来描述自己对喜怒哀乐的具体体验,帮助幼儿积累美术创作的内容与题材。如看完某一部动画片之后,引导幼儿谈论动画片中所描述的一系列内容,片中的主要形象特征、服装的款式、色彩的搭配、道具的颜色等。

二、周围环境中美的欣赏

周围的环境除了幼儿园所在的环境之外,还包括幼儿园周边的环境,甚至是幼儿生活的其他环境。周围环境中的美一般可以分为下列几种类型。

(一)节日环境

幼儿所能感受与欣赏到的节日环境主要包括:元旦、春节、劳动节、儿童节、国庆节、圣诞节等(图6-1),在这些节日假期中,幼儿园所在的城镇与社区都能够呈现出一种焕然一新的节日环境;每逢幼儿园开学之际,各幼儿园都会为儿童增添一些新的玩具,营造出一种欢乐、祥和、具有童趣的新环境。此外,在一些大城市中还往往会举行一些重大的会议或重大的活动,如全国甚至世界范围内的运动会、博览会等,所承办的城市都会营造出一种重大节日的气氛。

在节日中,到处都能够看到张灯结彩、彩旗飘舞的情形,大街小巷鲜花遍布,人们穿上喜庆的节日盛装,到处都洋溢着一种热烈、欢快、祥和的氛围。美丽的节日环境给幼儿带来一种新的视觉刺激,让幼儿能够感受到节日的喜庆氛围,从而受到这种美的熏陶。教师在引导幼儿进行节日环境的欣赏时,要把重点放到整体的布局、色调以及烘托的气氛上,体现其独特的环境所展现出来的情趣,同时感受营造者创设环境的智慧美。

图 6-1　豫园元宵节夜景

将美术欣赏有机渗透到幼儿园一日活动、游戏活动以及其他各个领域的活动中去,充分发挥出美育的整体效应。一方面能够表现出充分挖掘与利用一日生活、游戏活动以及其他领域活动中美的资源与成分,进行美术欣赏活动教学和赏析;另一方面也可以表现为利用美术欣赏来丰富其他各项艺术活动。

(二)社区环境

社区是幼儿日常生活的重要场所之一。社区的环境反映了地方或区域不同的风土人情。城市社区中分布着漂亮的高楼大厦,宽阔的马路,各种各样的汽车等。而农村则有各种各样的房舍院落、河流、田野,多种多样的家禽牲畜等。这些不同的元素构成了社区独具特色的自然和人文相结合的环境,这些都能够进一步发展幼儿的认知能力,帮助他们积累视觉的表象。教师能够结合具体的环境,用比较生动的语言来描述感知的对象,用启发性的语言去进一步引导幼儿进行思考、想象,并有顺序地欣赏事物与景色的形态、色彩、节奏、韵律等审美属性,感受美的事物与景象带来的愉悦,能够帮助幼儿在头脑中做出图式预知,储存大量具有生成性与创造性的审美意象,让幼儿在感受形状美、色彩美的同时,还能够感受到城市或者农村的欣欣向荣景象。

教师还可以有意识地去提醒幼儿去注意周围的环境,帮助他们观察其中出现的美好事物,人和人之间建立的良好关系,如交警指挥交通(图6-2),清洁工人打扫卫生等。日常生活与周围环境中的美术欣赏具有随机性与渗透性的显著特点。

图6-2 交警指挥交通

这些欣赏活动能够设定活动的目标,也可以不设置统一的活动目标,强调教师给幼儿提供一种宽松的美的欣赏环境,关注幼儿的欣赏全过程,但是要较少地强调活动的结果。不但能够用集体活动的形式来进行,还可以采用小组活动的形式来进行,甚至是采取个别活动的形式加以进行,这样则更能体现出教育的个别化。教师能够根据幼儿的兴趣与经验,使他们以自己独特的方式来领悟日常生活与周围环境中所具有的美好事物和形象。

(三)自然环境

自然界中的景物美不胜收、千姿百态。有四季纷繁变幻:春雨如丝,夏日炎炎,秋风送爽,冬雪绵延。在不同的地域具有不同特点的山川河流与自然风光:江南山水,清秀可人;北国大漠,宏伟粗犷……还有平日里我们比较常见的旭日初升、满月如盘、鲜花吐蕊……大自然的美无处不在(图6-3)。

图 6-3　江南水乡

美丽的自然景物是美育的重要源泉,是教师去引导幼儿关注美、发现美、探索美、创造美的钥匙。

引导幼儿去欣赏大自然中所包含的美,是对周围环境中美的欣赏的关键内容。例如,随着四季的不断变化,通过美术欣赏教育活动,可以引导幼儿感受四季的美景;通过专门的外出活动,如郊游等多种活动,对于帮助幼儿增长知识、陶冶性格的同时,还可以对幼儿欣赏美、感受美加以教育。

在引导幼儿欣赏自然景物时,首先要重点引导幼儿欣赏自然景物的形式美及其所蕴含的生命意义,如欣赏荷花,不仅要欣赏荷花鲜明亮丽的色彩和迎风摇曳的姿态,还要欣赏荷花出淤泥而不染、洁身自好的美好情操。其次要注意用形象化的文学语言唤起幼儿自然的审美情感。如在引导幼儿欣赏春天的美景后,教师可以用诗一般的语言来总结:春天是一本彩色的书,黄黄的迎春花、红红的桃花、绿绿的柳叶、白白的梨花……春天是一首好听的歌,春雷轰隆隆,春雨滴滴答、燕子唧唧唧、青蛙呱呱呱……以加深幼儿对自然美的领会,从而把他们的思想感情带到优美的自然境界中去。

三、绘画、手工活动中美的欣赏

幼儿美术活动的本身就是审美活动,它主要包括了欣赏活动、绘画活动以及手工活动,美的欣赏也随处都体现与渗透于绘画与手工活动之中。

(一)绘画、手工活动前美的欣赏

在很多绘画和手工活动前,为了可以帮助幼儿积累图式,获得表象,教师需要带领幼儿进行活动之前的观察,这种独特的美术活动观察,其实就是一种美的欣赏。如在画春天之前,教师往往会带领幼儿到自然中去观察春天,寻找春天所独有的特征,欣赏春天的美丽景色。其实这种观察欣赏本身就是一种审美活动(图6-4)。

图6-4 儿童所画的春天图

(二)幼儿美术评价中美的欣赏

在对幼儿美术活动的评价中,需要幼儿对自己或其他同伴的美术活动加以表述,对作品加以分析,并从其中获得美的陶冶,幼儿美术活动的评价过程是一种美的欣赏与享受。

(三)幼儿作品展示中美的欣赏

当幼儿的作品或幼儿所收集的美术作品、生活用品等,采用展览、环境布置等不同的形式展示出来之后,常常就会使幼儿爱不释手,流连忘返,更甚至会久久不肯离开,这种执着的关注实际上就是一种对美的欣赏,而这种欣赏则是幼儿不由自主的、发自内心的,也是一种潜移默化的行为,从某种意义上来看,它要比教师主动要求幼儿去欣赏美术作品的效果会好很多。

(四)绘画、手工范例的欣赏

在一些绘画与手工活动中,教师需要精心地去准备范例。这些范例既能是实物、玩具,也能制作一些图片、范画、样例等,选择这样的范例通常形象十分美观、色彩比较鲜艳、符合学龄前儿童的审美趋向。在观察这类范例时,实际上也就是在进行专门的美术欣赏活动。

四、美术作品欣赏

对美术作品的欣赏是幼儿美术欣赏的一项重要内容,也是幼儿美术欣赏活动的最基本形式。在选择欣赏的作品时,教师需要按照幼儿的年龄特点、理解水平以及思想情感进行选择,通常可以选择一些色彩层次分明、主题鲜明、幼儿喜欢或感兴趣的美术作品。这类作品可以是画家的画,也可以是工艺美术作品,甚至还包括了教师的范画与范例等。美术作品的欣赏活动,能够在进行美术教育活动时开展,也可在游戏时间开展,甚至在活动过渡时间段也可以开展。

(一)画家的画

画家所画的种类较多,幼儿能够欣赏的大体上包括了水墨画、水粉画、油画、版画、年画等多种类型。不管是哪一种类型,通常都能够引导幼儿在内容与形式两个方面去欣赏,启发幼儿运用语言、表情、动作以及创作来表达自己的审美体验。

对于那些不同类型的绘画作品而言,教师需要引导幼儿感受其具有的独特艺术表现手法。每位优秀的美术家所创作的作品都是以十分娴熟的技巧、深厚的情感来表达对生活的热爱,对社会与自然美的感受。所以形成了各自独特的风格,创造了很多比较成功的作品。如齐白石的《虾》、张汀的《公鸡》、张乐平的《三毛》、梵·高的《向日葵》(图6-5)、莫奈的《睡莲》、波洛克的《会聚:第十号》等。

图6-5 梵·高的向日葵

教师在组织儿童对绘画作品进行欣赏时,除了要给他们介绍作品的内容之外,还应该从作品所表现出的形态、构图、色彩等多个方面加以分析,引导出幼儿通过多种感觉通道来认识画面的美。还能够把欣赏与创造相结合,表现出幼儿对美的理解与感受,提高他们的审美能力。

(二)幼儿的作品

很多幼儿的作品构思十分新奇,想象比较丰富,色彩极为明快,画面十分生动。在幼儿的手中,创作出了一批批的优秀绘画作品,有的甚至还被选送到国际画展中参展。教师引导儿童去欣赏同龄伙伴的优秀作品,能够使他们在情感层面倍感亲切,心灵上得到沟通,而且因为手法比较相近,更容易激起幼儿欣赏美与创造美的欲望(图6-6)。

引导幼儿欣赏自己同伴的作品,可以把欣赏和评价相结合,与幼儿的日常生活和游戏活动相结合等。

图6-6 获奖幼儿作品

(三)幼儿图书中的画

儿童读物是幼儿的一个亲密伙伴,它能够通过大量比较优美的图画,对幼儿进行教育。有很多优秀的美术家,也都热情地为幼儿创作精美的读物。作品中的很多封面以及十分有趣的插图等,都倾注了画家对幼儿极为喜爱的情感,反映出了儿童的美好生活,现在已经变成了独具特色的画种之一。

教师或家长引导幼儿欣赏书中的精美画面,可以与阅读相结合,对幼儿理解图书中的内容十分有利,还能够激发出他们的阅读兴趣。同时,欣赏画面中的人物特征、表情及画面所表现出的美丽色彩、合理构图等。

(四)动画片里的形象

动画片属于美术电影的片种之一,它把一幅幅具有连贯动作的画面,顺次一张张地拍摄下来,然后再连续放映,就能够产生出活动的影像了。

动画片所具有的特点是不用真人实景,而是采用美术创作的手段来塑造形象、表现情节与主题思想。如经典的动画片有《三个和尚》《米老鼠和唐老鸭》《机器猫》《黑猫警长》《葫芦娃》《西游记》《哪吒闹海》《奥特曼》等(图 6-7),这些动画片中的主人公,均为幼儿所熟悉与喜爱的动画形象。

a 哪吒闹海 　　　　　　　　b 三个和尚

c 黑猫警长 　　　　　　　　d 机器猫

图 6-7　经典动画形象

动画片中的角色形象十分可爱、造型比较夸张、色彩相对美丽,反映出了幼儿难以表达的想象与幻想。欣赏动画片中的形象能够与观看动画片相结合,这样不仅能够引导幼儿欣赏动画片中主要角色的造型、服饰,还能够模仿与创造这些角色的语言、动作、神态等,把自己融入角色中去,让欣赏与模仿变得更有趣味性。

(五)工艺美术品

工艺美术品主要是指美化了的日常生活用品,具有较高的使用价值与审美价值。它的最鲜明的特点就是实用价值与审美价值有机融合,分成了实用工艺美术品与陈设工艺美术品。实用工艺美术品的主要功能是实用为主,审美为辅,如餐具、茶具等。而陈设工艺美术品则以摆设、观赏为主,如剪纸、各种摆件等,其实用价值不明显或者已经消失。

我国的工艺美术历史十分悠久,多姿多彩,它和各民族人民的劳动、生活、娱乐存在十分紧密的联系,具有土生土长、淳朴原始的艺术美,它的鲜明民族气质以及独特的风格,深受国内外人们的喜爱。我国的工艺美术品种类较多,如服饰、剪纸、脸谱、石雕等,美不胜收,包罗万象。使幼儿欣赏工艺美术品,不但能够让他们从中得到美的启发,还能够激发幼儿热爱本民族文化、热爱劳动人民的情感。

教师在引导幼儿欣赏工艺美术品时,重点使幼儿去欣赏造型美、装饰美以及形式美所洋溢出来的趣味、情调或生活气息。

1. 脸谱

脸谱是指在戏曲与民间的舞蹈表演活动中,为了能够表现出人物的身份以及性格特点,对颜面进行彩绘装饰,它以十分夸张的造型以及浓重的色彩去改变演员本来的面目。脸谱具有各种谱色名目,如戏曲中的净角脸谱与丑角脸谱,把有关动物的脸谱做了拟人化处理等。

戏曲脸谱在视觉方面与人物、剧情保持一致,间接地反映出了戏剧角色的心理特征,烘托并渲染气氛,加强了舞台艺术的表演效果。只要角色一登场,观众们就能立即知道他的性质,即正义的还是奸诈的、善良的还是丑恶的。因为脸谱所具备的憎爱作用,人们往往会用狰狞的脸谱制造一种恐怖气氛,用怪异的脸谱来制造神秘氛围,用微笑的脸谱制造欢乐情景等(图 6-8)。

在欣赏脸谱时,重点引导幼儿从不同脸谱的造型及色彩来欣赏,欣赏感受脸谱的对称、均衡的色彩与图案,同时也能够和脸谱的设计、绘制与制作相结合,并进行游戏与表演活动。

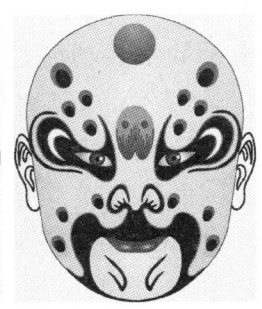

图 6-8　戏曲脸谱

2. 刺绣

刺绣是中国传统的优秀工艺品,在我国,这种工艺至少已有两三千年的发展史。刺绣的工艺比较精细,装饰性很强,具有极高的欣赏价值。我国最著名的是江苏的苏绣、湖南湘绣、四川蜀绣、广东粤绣,它们被称作我国"四大名绣"(图 6-9)。苏绣的图案十分秀丽,色彩比较文雅,针法极其灵活,绣画十分精细。湘绣的构图优美大方,色彩艳丽,风格奔放,重写实。蜀绣的构图十分简练,针法比较严谨,虚实得当,极富立体感。粤绣的装饰趣味比较重,变体绣法较多。除此之外,北京的京绣、温州的瓯绣、上海的顾绣等,其产地不同,风格各异。

在欣赏刺绣时,教师应该选择一些本地的刺绣作为幼儿欣赏的主要内容,选择一些贴近幼儿日常生活的服饰、台布等有刺绣装饰的用品,让幼儿去欣赏,不仅要欣赏刺绣的纹理图案、色彩搭配,还要欣赏刺绣在某种生活用品上的整体艺术效果,引导幼儿去发现生活中到处都存在的美。

3. 剪纸

中国的民间剪纸是一项古老而传统的美术活动,千百年来,剪纸艺术一直伴随着中国各地的习俗与民众的愿望在千家万户中流传,是我国最普遍、最受民众喜爱的艺术品种之一。

图 6-9　四大名绣

中国民间的剪纸主要通过剪、刻、粘等技法进行表现，表现的手法简捷、明快，具有一种独特性与趣味性，深受人们的欢迎。民间剪纸的题材十分广泛，绝大多数都是日常景物以及一些家喻户晓的传说故事，主要用于民间节庆的环境布置、器物装饰等。剪纸采用红色为主要色彩，表现出喜庆吉利、辟邪消灾、夫妻恩爱、多子多福等多种主题或意义。剪纸十分注重直观的感受，选取最容易表现的角度，把物象、场景、情节等直接纳入其中。剪纸艺术的手法本质为镂空，在概括简练、不断做减法的过程中，利用阴阳相间、虚实相生的原理，体现出剪纸的一系列造型艺术特点。

在欣赏剪纸时，应该选择和幼儿的生活十分贴近的、造型概括起来比较简练的、最好是具有一定故事情节或生活场景的剪纸，如老鼠嫁女等（图 6-10）。

在引导幼儿结合生活经历来欣赏剪纸所表现的内容时，感受剪纸简单而又独特的造型以及流畅明快的线条，同时还应该引导幼儿大胆地去尝试剪纸活动，通过剪纸艺术去创造性地表现物体的形象，并采用剪纸来装饰环境。

· 221 ·

图 6-10　老鼠嫁女剪纸

4. 陶瓷品

陶瓷是一种黏土的混合物,经过成形、干燥、烧制等一系列工序而形成的工艺品或日用品,包括了陶器与瓷器两大种类。

陶器的主要特点是质地粗糙且不透明,主要是由黏土成形、干燥、上釉(或不上釉)等,烧制的温度通常都会低于瓷器。江苏宜兴是中国十分著名的"陶器之都",所产的陶瓷品神态逼真、造型各异,尤其盛产形态各异的茶具。

陶瓷品在我国以及世界各地都流传较广,不但具有实用价值,还具有欣赏与收藏价值。

陶瓷工艺美术品在现实生活中随处可见,可以作为幼儿欣赏的好材料,例如,教师在引导幼儿去欣赏陶瓷花瓶时,首先应该引导幼儿去欣赏它的造型美——细长的显得轻盈,矮胖的则显得敦实(图 6-11)。接着,去欣赏它的装饰美——从图案纹样方面来看,二方连续纹样,显出了对称稳定,单独纹样则显得生动灵巧;从图案色彩方面来看,单色的则显得古朴冷静,多色的则显得富丽堂皇。最后可通过幼儿设计花瓶去进一步理解造型、色彩、花纹是构成花瓶美的关键因素,从中感受到色彩的协调美、对比美,感受花纹的节奏韵律美等。

5. 服饰

服饰主要是以人体作为依附而显示造型,它随着人体的运动姿态以及穿着者的交往活动,动态地呈现出不同的造型。现代服饰呈现出多姿多彩的式样,职业装体现出正规庄重,休闲装则体现出舒适随意,晚礼服呈现的是富丽堂皇,而婚礼服则是纯洁雅致,服饰美化了人们的日常生活。在中国,各民族的服饰式样不同,色彩也各种各样,充分展现了中华民族所特有的智慧及审美理想。

藏族的服饰展现的是宽大厚实,右臂袒露,男士头戴库锦狐皮帽,佩带藏刀,于粗犷中展现出俊朗与热情。女士的长袖则过膝,飘逸自如(图 6-12)。

图 6-11　陶瓷工艺美术品

图 6-12　藏族服饰

蒙古族的服饰主要是蒙古袍,高领长袖,男士衣袍肥大,女士衣袍紧身,袍边、袖口、领口都绣有"盘肠""云卷"的纹样,同时配上头饰、腰带与蒙古靴,展现出蒙古族的英武之气(图6-13)。

图 6-13　蒙古服饰

维吾尔族的服饰中,男装多是长大衣,也叫袷袢,无领、无扣、无口袋,宽袖。在穿的时候腰系长带,带中可以放食物和一些零星的物品。夏季则穿衬衣比较多,青年、中年人所穿的衬衣袖口与胸前都饰有十字花图案。维吾尔族的妇女穿的是连衣裙,外罩西服背心或者西服上装,围有头巾。背心是紧身的,长裙飘逸,头戴绣花的小帽,脚穿皮靴,维吾尔族的姑娘们显得亭亭玉立。维吾尔族的帽子种类很多,如皮帽、花帽等,色彩艳丽、精巧华丽,有很强的装饰性。

欣赏服饰时,应该从幼儿身边的服饰开始着手,欣赏它们的款式特点、色彩搭配、布料质地等。在欣赏时,教师应该把美丽的服饰直接呈现到幼儿的面前,有时也应该允许他们去摸一摸、比一比等,把服饰穿在身上来欣赏其整体的效果。还可以去引导幼儿做服饰展览、表演以及设计等多种活动,使幼儿发挥创造性,设计并制作出美丽的服饰,在丰富多彩的活动中真切地去感受服饰的美。

6. 泥玩具

无锡的泥人玩具具有形象生动、朴实、特征鲜明的重要特点，充满了浓厚的乡土气息，赢得了大家的一致好评。其中，最具有代表性的泥玩具就是"大阿福"的形象，它表现的是一个十分纯朴、健康的农村的童子形象，在外观上来看，团团的身体连有大大的头，圆圆胖胖的脸上挂着笑眯眯的眼睛，手脚短小且简单，从上到下整个形体都接近于一个圆形，显得十分稚气而又富态，蕴含了"一团福气"的寓意（图6-14）。

图 6-14　无锡大阿福

北京传统的儿童玩具"兔儿爷"的兔首人身，三唇紧闭，双目直视，身披盔甲……神态端庄稚气，生动而又活泼，十分惹人喜爱。

在欣赏泥塑玩具时，要重点引导儿童欣赏泥玩具的可爱造型、鲜艳的色彩、稚朴的神情。还可以把欣赏活动与泥工活动相结合，让幼儿自己动手塑捏喜爱的玩具，并自己给泥玩具上色，并用这些泥玩具去装饰活动室或开展游戏。

(六) 雕塑、建筑、桥梁

在教学中，教师注重引导幼儿去欣赏雕塑、建筑、桥梁，需要注重欣赏它们的形式美，并从它们不同的地理位置、人文环境、文化背景等多个角度,去感受它们的文化价值与艺术审美价值。不但要考虑可以代表优秀的文化遗产,同时还要照顾幼儿心理的接受能力,要从幼儿自身所喜爱的、熟悉的建筑艺术着手,如幼儿园的建筑、民居建筑等,从而做到由近及远地去欣赏他们所能理解的建筑艺术。

1. 雕塑

雕塑是一种比较传统的造型艺术,能够使用雕刻或者塑造的材料,如金属、石、木、沙、冰、植物根等,经过雕塑家的艺术构思、设计,之后再用雕塑工具进行雕琢、刻制或者堆塑而成,是一种有实在体积的艺术形象。雕塑作品完全是立体的,不附着于任何一种背景上,能够四面欣赏的叫作"圆雕",而在平面上雕出凸起的形象则叫作"浮雕"。雕塑在我国具有悠久的历史,如石窟与寺庙中的木雕、泥塑等,建筑中的装饰雕刻,宫苑、陵墓的纪念性雕刻等,举不胜举。在现代,中国的雕塑艺术学习了西方的雕塑艺术,同时还进一步融合了中国传统的艺术风格与手法,从而取得了重大的发展成果。雕塑作品有反映重大历史事件、表彰英雄人物的叫作"纪念性雕塑";而那些布置于园林、厅堂中的作品则叫作"装饰性雕塑"(图 6-15)。

图 6-15 园林雕塑

雕塑是三维空间艺术中最具典型的造型样式,在引导幼儿对雕塑进行欣赏时,应该着重体验作品的形体所表现出来的充沛生命力。雕塑不但可供欣赏,在许可的前提下,还需要引导幼儿去触摸,由于雕塑的媒介特征就是"质材在艺术之内",所以,不同的材质具有不同的艺术表现(图 6-16)。质材的光滑或粗糙、坚硬或柔软,都能够引起幼儿不同的心理反应以及情绪体验。

图 6-16　木雕塑

受物质材料的限制,雕塑的造型具有凝练性、概括性的特征,表现最具有典型性的动作与表情。因此,要引导幼儿去感受雕塑作品的精神内涵。在引导幼儿去欣赏雕塑时,还应该注意联系周围的环境,体验雕塑是怎样借助周围的环境丰富自身的艺术表现力,以及周围的场景与文化背景又是怎样赋予雕塑极为丰富内涵的。

2. 建筑

建筑是一种实用性与艺术性相结合的立体艺术作品,是空间造型艺术的一种。建筑艺术的形式美主要通过形体、比例、均衡、装饰、布局等多种形式要素构成。而空间则是建筑的一种基本形式要素,建筑主要通过巧妙地去创造各种内外空间,去增强建筑的艺术表现力;形体是指建筑物的主要轮廓,通过线条与形体、空间与实体组合方式的不同,以及建筑物和周边环境之间的和谐统一,突出了建筑物独特的艺术感染力;均衡是指建筑物在构图上的对称,主要包括了建筑物前后、左右、上下各个部分间的关系;装饰是现代建筑所具有的最突出的特点,通常为建筑物起到一种增光添彩以及画龙点睛的作用(图6-17)。

图6-17 经典建筑——水立方

建筑艺术是一种实用和审美相结合的艺术,引导幼儿欣赏建筑艺术时,应让幼儿了解建筑艺术所包含的丰富内容,从而认识建筑所体现出的独有的象征性、形式美、民族性和时代感。优秀的建筑艺术总是和周围环境融为一体,体现出人文景观与自然景观的完美结合。欣赏建筑也可以和幼儿设计建筑、结构活动结合起来。

3. 桥梁

桥梁是提供给人或铁路、公路、渠道等跨越河流、山谷或其他交通线时所使用的建筑物。桥梁主要由桥身、桥墩以及桥台构成。根据桥梁的不同用途,可以把桥梁分为铁路桥、公路桥、人行天桥等;根据桥体的材料不同可以把桥分成木桥、砖石桥、钢铁桥等;根据桥身的结构不同可以把桥分成梁桥、拱桥、悬索桥、斜拉桥等（图6-18）；根据跨越障碍物的不同可以分成跨河桥、跨路桥等；除此之外，还有开启桥、浮桥、吊桥以及漫水桥等一些特殊的桥梁。

图6-18　斜拉桥和砖拱桥

教师可以带领幼儿去欣赏当地独具特色的桥梁，欣赏它们的外观、形态、功能等，同时还可以与设计桥梁、搭建桥梁相结合。

在幼儿美术欣赏内容的选择方面，需要依据幼儿的年龄特征与认知水平来进行，通常来说，小班幼儿的年龄比较小，认知的水平也十分有限，以日常生活中美的欣赏与周围的环境中美的欣赏为主。到了中班之后，欣赏的范围可以逐渐地扩大，可以由身边比较常见的、熟悉的内容扩展至书本上、电视中所看到的、听到的美的作品与物象。而一旦到了大班，幼儿的欣赏的范围就可以变得更大，欣赏的内容也可以更广，专题的欣赏已经能够作为大班美术欣赏的内容了。

第四节　学龄前儿童美术欣赏教育的基本方法——对话法

对话是人类进行交流、沟通的重要桥梁。对话主要的表现是一个人（一群人）向另外一个人（另一群人）敞开自己。所以，对话是一种人格和人格之间的平等相待。欣赏者与艺术作品之间更是如此,其对话的目的也是相互交流,即艺术作品可以对欣赏者说话,欣赏者和艺术作品之间也能进行对话,通过审美期待媒介,最终达到欣赏者在现实世界和艺术作品间的融合,让审美理解可以实现。

一、对话法的内容简介

在学龄前儿童的美术欣赏教育活动中采用对话法,指的是教师、幼儿和美术作品之间的相互作用和相互交流,属于一种平等的、交流式的关系,体现出了教育的民主和平等,体现出了对艺术的沟通和理解。儿童的审美潜力在对话碰撞过程中得到了进一步的释放与新生。

美术作品与工艺美术品是无限开放的,它的意义并不是固定不变的。首先,由于美术作品与工艺美术品不但具有创造者自觉意识到的东西,还包括那些传统、文化等多个方面积淀于作者意识深处的无意识或潜意识的东西,即使创作者在创作中并未意识到这些东西,但是它依旧存在于美术作品与工艺美术品中,所以,它们的意义是远非创作者的人为意图所能限制的。其次,美术作品与工艺美术品在被创造出来之后,不但存在于当代,而且还会在之后的各个年代中继续得以存在。在不同的年代、不同的场合甚至不同的对话中,这些美术作品与工艺美术品也会不断地显示出新的意义来。它们本身就成了具有生发作用的主体,它们所包含的多种意义只有在同欣赏者的对话中,才可能生发出来。尤其是在很多艺术大师的作品中,蕴含了丰富的表现形式、多样的表现手法,融入了社会、历史、人类文化延绵不断的给养,镌刻了艺术家们独特、鲜明的创作个性。现在,当我们面对那些作品时,虽然时过境迁,但是必然会读出另外一种风情。对于审美经验不深、以具体形象思维为主的学龄前儿童而言,尽管他们具有先天的审美直觉与敏感性,但是却缺乏了细致、敏锐、自觉地观看与倾听作品以及深入体验、审美的能力。对话法的运用就好像一双十分神奇的翅膀,能够带着幼儿跨越时空同艺术大师们进行对话,在艺术的世界中任意地遨游。

由前文我们知道,儿童美术欣赏活动的一个基本指导方法就是对话法。

在学龄前儿童的美术欣赏教育中,对话法的提出主要是针对长期以来学龄前儿童的美术欣赏教育单纯采用灌输法所带来的遗憾。灌输法也就是高支配低统整的直接指导法。它主要以教师作为教育的中心,把教师所掌握的相关美术作品的知识无条件地给儿童灌输进去,儿童缺乏自身的感知和体验,不能拥有直接和美术作品对话的机会,长此发展下去,就导致儿童丧失了自我感受、自我加工信息、自己主动创造的能力,最终必然会导致审美素质的持续下降。在美术欣赏的教育活动中,运用协同合作式的对话法,教师、儿童和作品之间都处在了一种平等的、对话式的地位上。

二、实施对话法的原则

(一)平等互动

教师和幼儿之间平等互动关系的建立,是实施对话法的重要前提。一件优秀的美术作品中,各个要素所凝聚、散发出来的信息,绝对不会让两个与其对话(欣赏)者产生完全一致的体验。在欣赏美术作品时,教师和幼儿都具有表达自己观点的权利。教师不应该以权威去压制幼儿的发言权,而是应成为幼儿对话的重要合作者,共同学习的伙伴。一方面,教师的引导会激发幼儿的欣赏兴趣,从而提高他们的审美能力;另一方面,幼儿的直觉、想象可能会带给教师一种惊喜发现。

(二)主客观兼容

艺术的一个显著特点就是能以某种方式超越不同的文化差

异。一件美术作品或工艺美术品中所包含的各种形式、要素所凝聚、散发出来的信息,不会让两个与其对话(欣赏)者产生完全一致的体验,但是却会产生一致的地方。在进行美术作品的欣赏活动时,教师不但要允许幼儿具有不同的体验与观点,还要让他们去接受、理解别人的想法,以此来培养其民主、宽容、多元、兼容的人文特质。

(三) 多元欣赏

艺术所具备的一个显著特点就是能以某种方式超越不同的文化差异。艺术主张多元化的价值观,崇尚多样性。不同的艺术大师,不同的美术作品在描绘与解释世界时也会表现出多种多样的方式。教师在对话法的运用中应该及时地去捕捉有价值的信息,灵活地引导与组织幼儿。在美术作品的欣赏活动中,应该允许幼儿切身去体验艺术作品的材质,允许他们有不同的观念,鼓励幼儿从不同的角度出发进行观察,提出不同的想法、观点与感受。

三、美术作品欣赏中对话法的运用

(一) 语言的对话

语言的对话是教师和幼儿、幼儿和幼儿之间以语言作为媒介和作品进行的对话。这是对话法在作品欣赏中最基本、最直接的运用。对话中,教师扮演幼儿和美术作品对话的引导者、诠释者、启发者的角色。教师通过向幼儿提问与对幼儿反馈的应答,和幼儿一起在美术作品中不断地寻求惊奇与美。

幼儿美术作品欣赏可以分成描述、形式分析、解释、评价四个主要的阶段。按照这四个阶段的划分可知,语言对话的提问与应答可以根据表 6-1 的模式开展。

表 6-1　幼儿美术欣赏语言的对话模式

欣赏阶段	提问	应答
描述阶段	你在作品中看到了什么	概述作品表现的内容
形式分析阶段	作品中的线条、色彩、造型、物体是怎样的,你有什么感觉	对幼儿的感觉加以激发与提升
解释阶段	艺术家为什么要这样画,这样做,请你给作品起个名字	介绍艺术家与作品的有关历史、文化、社会背景
评价阶段	你觉得这件作品怎样,你是否喜欢它	艺术评论家的观点及社会影响

表 6-1 中所呈现出的基本模式就是美术作品欣赏活动中的对话提供的基本线索。这里的提问和应答仅仅是指教师的语言,但是对话是一个双向交流的活动,所以,教师需要根据幼儿的能力水平、幼儿对作品的实际体验及欣赏的目标、重点等,对提问、应答的内容做出相应的调整、变通。在对话过程里,并不一定要严格依据四个阶段的先后进行,实施中更多时候各个阶段都是需要交融的。同时,按照美术作品不同的风格和特色来设计适合幼儿审美思考的问题。

(二)非语言的对话

这种对话主要指幼儿通过审美体验与领悟同作品或同作品有关内容进行的对话。对于幼儿而言,非语言的对话方法不仅能够激发他们的欣赏兴趣与潜能,丰富自身的审美能力,还能够最大限度地扩大他们的欣赏视界,获得体验、表达的自由以及"个性存在"的宣泄。

1. 情境法

情境法主要是指给幼儿创设与美术作品有关的场景,或者将幼儿带入作品中表现的自然情境,以此来丰富幼儿的感性经验,激发他们对作品审美的潜在动机。举个例子,如在欣赏洞顶壁画

《拉斯科洞的马头》时，教师可以用桌子、盖布等布置一个简易的"山洞"，先让幼儿钻进"山洞"中体验洞中的情境，感受发现洞顶壁画的经历，从而激发幼儿的兴趣。在欣赏了壁画后，再让儿童使用手电筒灯光在"山洞"顶上创作，感受一下原始洞顶壁画的神秘，体验在洞顶壁画进行创作的艰辛和乐趣。再如，在欣赏莫奈的名花画《睡莲》之前，教师可以先带儿童欣赏真正的睡莲，然后再让儿童去观察睡莲的外形，水、光、影的变化，以及水面色彩和周围自然环境之间的关系，感受身临其境的美，从而为幼儿深入理解莫奈印象派的创作表现手法奠定一种感性的基础。在桥梁的欣赏过程中，教师更应该选择当地具有特色的桥梁建筑，带领幼儿去实地观察，切身体会建筑艺术的美感。

2. 对比法

对比法主要是指通过对作品表现手法、形式以及表现风格的比较，提高幼儿对作品形式审美的理解能力。例如，在欣赏作品《缠线》的时候，教师可以将作品与曾经欣赏过的《拾穗者》加以比较，使幼儿能够进一步感受画面中所体现出的宁静和安详，并通过对人物的动态、背景、色调的对比，让幼儿可以理解画家在创作过程中的表现形式，以及与情感表达的有机结合。例如，在欣赏蒙德里安的《红、黄、蓝构成》时，为了能够使幼儿感受到画面平稳、均衡的形式美，教师可以把其中的黄色块遮挡住，通过提问的方式，如"如果去掉这一块，你心里会有什么感觉？"让幼儿观察两种不同形式的构成，从而产生"好像被吃掉了一块""红色像要倒了一样"的感觉，体会到画中的线条和色彩尽管简单，但是却互相牵制、呼应，缺一不可的效果。再如，当欣赏梵·高的《向日葵》时，可以让幼儿先去欣赏真正的向日葵，再进一步感受向日葵的美丽造型、艳丽的色彩。如让幼儿去欣赏少数民族的服饰时，不但能够分别欣赏不同民族的服装形式，还可以选择至少两种少数民族的服饰来引导幼儿加以对比，找出不同服饰的相同与不同处，感受不同服饰给人带来的不同美感。

3. 联想法

联想法是指引导幼儿去大胆地对作品做出想象,更加深入地去理解作品所要表达的情感。例如,在欣赏卢梭创作的《丛林组画》时,教师可以先请幼儿闭上双眼,聆听录有水声鸟鸣的音乐,然后让他们去想象丛林中的一系列景象,去想象卢梭画中所表现出的丛林景象,在幼儿的心中产生审美期待。当画面一出现,幼儿就能够立即陶醉于画中了。

丰富的想象能让画面变得更加有声有色,更为生动浪漫。在联想中幼儿也可以进一步感受到画面的神秘和宁静。在欣赏蒙古族的服饰时,教师可以引导幼儿结合所学的相关蒙古族的知识和舞蹈,使幼儿去联想蓝天、白云,白云下是一望无垠的草原,其中还有一座座洁白的蒙古包,成群结队的、可爱的小羊,蒙古族小朋友身着漂亮的服装,在草原上愉快地舞蹈。

4. 发现法

发现法主要指教师去充分调动幼儿已有的审美经验,对作品加以分析与理解。例如,在组织了幼儿欣赏过一些西洋的作品后,教师组织一次画家作画风格的欣赏活动,选出波洛克、马蒂斯、毕加索、米罗、卢梭等艺术大师的绘画作品(都是儿童没有欣赏过的作品),让幼儿选出自己最喜欢与最不喜欢的,并说出自己的理由。幼儿依据自己过去的经验,从作品的色彩、造型、画家常用的绘画符号等就能很快找出答案。在对米罗作画的风格加以归纳后,幼儿通过对米罗作品的分析,发现米罗和毕加索尽管都喜欢用变形的创作手法,但是米罗在对物体变形时,多采用曲线,形象也给人一种软绵绵的感觉,表现的物体活泼且充满动感。通过幼儿对作品的理解,就能进一步加深他们对画家绘画风格的认识与理解。

5. 动作法

动作法是指通过动作把隐含于作品中的力与情感表现出来。

作品中除了一目了然的线条、色彩、形象之外,还包括了隐含于其中的力与情感的表现,而这其实也是幼儿在进行欣赏时的难点。按照格式塔理论来看,教师能够让幼儿通过身体的动作来理解作品中的力与情感的表现。如在欣赏马蒂斯的剪纸作品《忧愁的国王》时,教师可以让幼儿模仿作品中国王的动作,体会一下被压迫时挣扎的感觉,而这和作品中飘落的黄叶,背景中冷色对暖色一层层覆盖的力的形式是相一致的。通过这些体验,幼儿可以对作品中的悲愁、无奈的情绪做出进一步理解与感受。同时,幼儿在欣赏各类动画片中的形象时,幼儿也常常会把自己想象为动画片中的形象,并加以模仿与创造,表达自己对形象的理解与情感。

6. 创作法

创作法是指教师在幼儿欣赏了大师的作品之后,适时地提供一系列创作的材料,从而满足幼儿当时的创作冲动与愿望,使幼儿在自由、忘我的创作表达中能够再次和大师对话,和艺术进行家对话。如在欣赏了康定斯基创作的《抒情诗》以后,让幼儿跟随《单簧管波尔卡》的轻松、欢快旋律,一边舞蹈、一边挥笔作画,宣泄内心的情感和体验。在创作的过程中,孩子们能够走进大师的心灵,他们所获得的又何止是简单地对一纸作品的感受。

对话法在幼儿美术作品欣赏活动中的运用,不但让幼儿审美能力得到进一步地提高,而且还发展了幼儿在各方面的素质。在活动中,幼儿敢想、敢说、敢做,不仅能够表达自己的想法,同时还敢于向同伴、老师甚至一些艺术大师提问,在"争论"过程中激发出"顿悟",如在给米罗的《人物与鸟》起名时,一名幼儿按照画面的边框色彩、大小各异的特点,灵机一动,起了个名字"点、点,我的点点"。这个极富创意、生动且形象的名字,立即赢得了其他小朋友的一致认可,大家都说这个名字要比米罗所起的名字更好。

第五节　学龄前儿童美术欣赏过程中各阶段的指导

学龄前儿童的美术欣赏与成人的美术欣赏形式不同,成人美术欣赏主要是依赖于视觉与情感,但是幼儿的美术欣赏重在视觉与情感作用的同时,还需要依赖作品的创作。幼儿对美术的欣赏和创作的开展主要可以分为三种形式,即先欣赏后创作、先创作后欣赏、边欣赏边创作。

一、美术欣赏和创作指导

(一)先欣赏后创作

这是幼儿美术欣赏和创作活动的一般形式。教师可以先根据教学的需要,选择合适的美术欣赏作品,引导幼儿对作品的色彩、造型等形式美加以欣赏,了解作品的创作背景与创作方式,再尝试按照作品所提供的样式摹画或创作。这种形式可以帮助儿童丰富创作形式,为儿童的创作技能提供一种十分必要的示范,所以提供的欣赏作品是幼儿学习的样本与进行创造的原型。教师在实践过程中的大部分活动都应该采用这种组织形式进行。

(二)先创作后欣赏

在幼儿具有了一定的美术经验基础上,可以让幼儿进行命题美术的创作活动,先使他们去表达自己的想法与创作思路,再提供一些可供欣赏的相关作品加以比较,寻找出一种更为丰富的创作方式与素材。这种方法不但尊重了幼儿自我表现的需求,还可以进一步拓宽幼儿的创作思路,使他们在之后的学习过程中进行艺术反思,提升审美能力。例如,大班的欣赏与创作活动《会聚:第十号》(波洛克),教师应该先提供给幼儿大量的材料,如树枝、刷子、拖鞋、旧报纸等，让幼儿用这些物品伴随着《蓝色狂想曲》的音乐进行创作，之后再展示波洛克的作品供幼儿欣赏，并与自己的作品加以比较。如果幼儿看到自己的作品与画家的作品有几分相似或接近，就会十分的兴奋。但是同时也应该注意，如果他们发现了波洛克的作品中有很多好像"滴"上去之后"流淌"出来的点与线条，且画面的颜色分布比较均衡，于是大家就会再次积极地进行尝试，学习使用波洛克的"滴画"方法进行创作，让抽象的画面变得更具有艺术美感。

(三)边欣赏边创作

边欣赏边创作往往会运用于对一位画家或某个系列的作品欣赏之中。这种类型的活动通常是由几个子活动组成的，历时比较长，每一个活动都是前一个活动经验的延伸与扩展。幼儿与教师在这种系列的教学活动中，能够对作品有更多的体验，并在欣赏过程中不断地发现、产生"顿悟"式的审美愉悦情感，获得创作的新思路与新技能。例如，儿童在欣赏马蒂斯的系列剪纸作品中，在一开始时就被画面中所剪出的形象吸引住，原来大师在作品中表现出来的是具体可见的稚拙形象。随着欣赏活动的进一步开展，孩子们会逐渐发现，大师的作品最能够吸引人的还是他的强烈且华丽的色彩，以及图像和背景的对比方面。他们将这个发现运用于创作过程中，在剪贴画中大胆地将色块作为背景。这种创作形式就极大地增强了作品的艺术感染力，使幼儿在欣赏活动中获得新的艺术创作经验。

二、美术欣赏创作活动设计

欣赏和创作是两个相生相长的重要因子，创作的重要前提是欣赏，同时，创作也是欣赏的延续。

(一)创作材料的设计

创作材料的设计成功与否，是儿童创作和再现欣赏体验的关键。艺术家在进行创作的时候,对材料的使用是多元丰富的,有的材料对于幼儿来说使用起来比较困难(如费用高、安全性等问题)。教师在进行欣赏与创作活动中,应该按照欣赏的内容给儿童准备相对合适的材料,使他们在自己的能力与经验范围内成功地进行创作。

教师所选用的材料并不一定要和艺术家本人所使用的材料完全相同,而是依据作品的特点,有目的地选择适合儿童进行创作与表现的材料,使幼儿进行审美迁移,同时获得成功的创作体验。

在小班的欣赏和创作活动《花卡子》中,教师给儿童欣赏了各式各样的花卡子,使幼儿感受到花卡子丰富的色彩与多样性的装饰。在这一基础上,教师为幼儿提供了木头卡子、彩色油泥、小珠子、小贝壳等材料,让幼儿把油泥团圆压扁后粘在木卡子上,然后再用各种装饰物镶嵌到油泥上。活动中材料的设计十分适合小班幼儿的年龄特征,不但能够帮助幼儿完成审美经验的再现,更能够使每一个孩子都获得了一次成功的艺术体验。

(二)创作形式的设计

在创作形式的设计中,需要充分去考虑幼儿的实际能力以及实现作品欣赏的可能性,使幼儿尝试多种形式再现自己对作品的理解与体验,获得再创作的愉悦与满足感。

在大班的欣赏和创作活动《米老鼠》中,老师不但要选择绘画的形式使幼儿去表现,还需要依据幼儿的具体情况设计"我是米老鼠"的综合创作环节。幼儿自己画米老鼠的"耳朵""鼻子"(圆形)等,并将它们有选择地粘贴于帽子及自己的鼻子上,再戴上白色手套,将自己打扮成一个米老鼠的样子,模仿米老鼠的动作、讲话等,在表演的过程中去切身感受卡通形象的可爱特质,老师为孩子们照相,留下自己所创造的形象。

在小班的欣赏和创作活动《红太阳下的人物》中,"红色太阳"就是整个活动的重要线索。在欣赏过程中,通过对"看到红红的太阳,你最想做的事是什么?"这个问题的讨论,不但让幼儿的欣赏主题变得更加明确,同时还能帮助幼儿打开思路。在创造过程中,教师可以给幼儿提供用蜡光纸提前剪好的红太阳,让儿童先把太阳贴好再进行作画,让容易盲目的小班儿童有明确的目的性,较好地从欣赏过渡到创作中去。

(三)创作主题的设计

教师依据欣赏的内容去选择与之相关的主题让幼儿去创作。幼儿从欣赏的对象中获得感性的技能经验,并在主题画的创作过程中进行尝试、摹画以及表现。

在大班的欣赏与创作活动《玩足球》中,教师可以先让幼儿去观看"世界杯"的激动比赛场面,再让幼儿用动作、语言等多种形式来表现现代足球的特色,对于接下来的活动开展可以起到铺垫的作用,同时还能够激发出幼儿对活动的极大兴趣。在欣赏卢梭的作品《足球员》时,幼儿可以使用慢动作来表现画面中的人物,这对画面的理解又向前迈进了一步,然后,儿童使用线描画的方式来完成了主题画"玩足球"的创作。

在创作时,教师可以设计"我和动物朋友"的主题,使幼儿尝试运用画家的方法创作出一幅《我和动物》的绘画作品,不但能使幼儿学习绘画创作进入一个新的途径,还能为他们的创作实践提供新的思路。

(四)指导语言的设计

语言设计是欣赏与创作活动中比较常用的关键细节设计之一,语言设计主要是指教师运用生动形象的语言帮助幼儿在头脑中形成视觉意象,引导幼儿把欣赏所获得的经验与感受运用到创作中来。语言设计的关键在于激发教师和幼儿之间的互动,推动教师、幼儿、美术大师以及艺术作品之间的"对话"关系形成。

在中班欣赏和创作活动《快乐的小金鱼》中,教师在欣赏作品与示范画法时,都要遵从腹部到左尾翼一连到底(吴冠中先生用中号羊毫抓笔,调好墨后,先由鱼腹起笔,以按法并旋转笔腹,侧面金鱼只一笔,形成半圆腹部,然后提笔,笔不离纸面地画出尾根)的特点,对于这个特点,教师需要设计一个互动讨论的环节,讨论为何需要这样作画。使幼儿进一步思考与理解画家的用心良苦(吴冠中强调尾根不可以断,笔一断,鱼就受伤了),这一个小细节对了解画家的风格以及幼儿的创作,具有很好的帮助。

在《会变颜色的影子》活动中,教师把光与影子之间的关系,以及影子是怎样产生的等问题,采用讲故事的方式使儿童形象地理解。这就为幼儿很好地去欣赏艺术作品做好了相关知识经验的铺垫:影子不只是黑乎乎的一片,影子实际上也具有很多的颜色。然后引出问题:影子具有什么样的色彩呢?这些都为下一个环节做好了铺垫,从而引出了画家莫奈的经典作品——《草垛》,教师引导孩子们对《草垛》的欣赏,让幼儿感受影子丰富且美丽的色彩。在故事中,教师还应该讲到,如果没有影子的话,所有的东西看上去都会是平平的,而一旦有了影子,所有的事物看起来就都具有了立体感。同时,在不同时间段中,影子也是不同的。具体有哪些不同呢?带着这一问题,幼儿对不同光线照射下的草垛再次做了比较欣赏,不但感受到了画面的美与多变,同时还明白了其中所蕴含的小道理。

(五)心理回忆过程设计

心理回忆主要是指在幼儿创作以前,对所欣赏的作品进行心理回忆的过程。通过心理回忆,可以使幼儿在头脑中对作品形成一个完整的意象,对自己的创作进行构思和设想。这个细节在欣赏与创作活动中是非常重要的,它能帮助幼儿较快地进入个人创作的状态,学会在创作中进行思考。

在大班的欣赏与创作活动《看,我听到了什么》中,教师可先让幼儿欣赏康定斯基的《抒情诗》,感受其中的线条、色彩韵律与节奏,之后再让幼儿听音乐,感受旋律中的画面。在创作前,请每一个幼儿都静静地闭上双眼,再次回忆一下画家的作品,并要想象自己是怎样用线条与色彩进行创作的。

参考文献

[1]汝茵佳,周燕.幼儿园美术教育[M].北京:人民教育出版社,2015.

[2]张曦敏.学龄前儿童美术教育[M].南京:南京大学出版社,2013.

[3]李季湄,冯晓霞.《3—6岁儿童学习与发展指南》解读[M].北京:人民教育出版社,2013.

[4]刘宜.学龄前儿童美术教育[M].北京:中央广播电视大学出版社,2008.

[5]孔起英.学龄前儿童美术教育[M].南京:南京师范大学出版社,2013.

[6]唐清德.学龄前儿童美术活动设计[M].重庆:西南交通大学出版社,2014.

[7]边霞.幼儿园美术欣赏教育丛书——西洋画欣赏[M].南京:南京师范大学出版社,2005.

[8]边霞.幼儿园美术教育与活动设计[M].北京:高等教育出版社,2009.

[9]黄保强.艺术欣赏纲要[M].上海:复旦大学出版社,2004.

[10]黄进.幼儿园美术欣赏教育丛书——民间艺术欣赏[M].南京:南京师范大学出版社,2005.

[11]孔起英.幼儿园美术教育[M].北京:人民教育出版社,2004.

[12]林琳,朱家雄.学龄前儿童美术教育[M].上海:华东师范大学出版社,2006.

[13]南希·雷·史密斯.教孩子画画[M].长沙:湖南美术出

版社,2008.

[14]尚莲霞,尹航.幼儿园美术欣赏教育丛书——《雕塑与建筑》[M].南京:南京师范大学出版社,2005.

[15]屠美如.儿童美术欣赏教育研究[M].北京:教育科学出版社,1990.

[16]屠美如.幼儿园美术欣赏教育丛书——中国画欣赏[M].南京:南京师范大学出版社,2005.

[17]朱家雄.幼儿园课程[M].上海:华东师范大学出版社,2003.

[18]郭亦勤.学龄前儿童艺术教育活动指导[M].上海:复旦大学出版社,2009.

[19]尹坚勤.幼儿园教育活动安全精选[M].南京:南京师范大学出版社,2002.

[20]边霞.儿童的艺术与艺术教育[M].南京:江苏教育出版社,2006.

[21]张华.课程与教学论[M].上海:上海教育出版社,2002.

[22]张念芸.学龄前儿童美术教育[M].北京:北京师范大学出版社,2011.

[23]王秀丽.幼儿美术教育的教育学[M].北京:北京师范大学出版社,2010.

[24]张琳.幼儿园教育活动设计与实践[M].北京:高等教育出版社,2010.

[25]尹少淳.美术及其教育[M].长沙:湖南美术出版社,2006.

[26]罗恩菲尔德著.王德育译.创造与心智的成长[M].长沙:湖南美术出版社,1993.

[27]楼必生,屠美如.学龄前儿童艺术综合教育研究[M].北京:北京师范大学出版社,1997.

[28]李慰宜,林建华.幼儿园绘画教学手册[M].上海:华东师范大学出版社,2009.

[29]彭吉象.艺术学概论[M].北京:北京大学出版社,2006.

[30]常俊玲.原生态艺术传承与儿童审美教育[M].北京:高

等教育出版社,2007.

[31]赫伯·里德.通过艺术的教育[M].长沙:湖南美术出版社,2002.

[32]范琼芳.幼儿绘画心理分析与辅导[M].台北:心理出版社股份有限公司,2002.

[33]维克多·罗恩费尔德著.李敏明译.儿童美术与成长[M].台北:台湾世界文物出版社,1991.

[34]H.达登纳著.金兰仁等译.艺术与人的发展[M].北京:光明日报出版社,1988.

[35]张念芸.《〈新纲要〉与幼儿艺术教育改革》读后思考[J].学龄前教育研究,2003(4).

[36]易晓明.对综合艺术教育的反思[J].幼儿教育,2003(3).